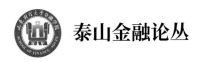

泰山金融论丛

RESEARCH ON THE FUNCTIONAL DEFECTS OF
CHINA'S CAPITAL MARKET
FROM THE PERSPECTIVE OF COST OF CAPITAL

资本成本视角下
我国资本市场功能缺陷研究

宋　琳◎著

中国财经出版传媒集团

经济科学出版社
Economic Science Press

图书在版编目（CIP）数据

资本成本视角下我国资本市场功能缺陷研究／宋琳
著 . —北京：经济科学出版社，2022. 2
（泰山金融论丛）
ISBN 978 - 7 - 5218 - 2792 - 7

Ⅰ. ①资…　Ⅱ. ①宋…　Ⅲ. ①资本市场 - 研究 - 中国
Ⅳ. ①F823. 5

中国版本图书馆 CIP 数据核字（2021）第 171245 号

责任编辑：刘　悦　杜　鹏
责任校对：齐　杰
责任印制：邱　天

资本成本视角下我国资本市场功能缺陷研究

宋　琳　著

经济科学出版社出版、发行　新华书店经销
社址：北京市海淀区阜成路甲 28 号　邮编：100142
总编部电话：010 - 88191217　发行部电话：010 - 88191522
网址：www. esp. com. cn
电子邮箱：esp@ esp. com. cn
天猫网店：经济科学出版社旗舰店
网址：http：//jjkxcbs. tmall. com
北京时捷印刷有限公司印刷
710×1000　16 开　10. 5 印张　180000 字
2022 年 3 月第 1 版　2022 年 3 月第 1 次印刷
ISBN 978 - 7 - 5218 - 2792 - 7　定价：52. 00 元
（图书出现印装问题，本社负责调换。电话：010 - 88191510）
（版权所有　侵权必究　打击盗版　举报热线：010 - 88191661
QQ：2242791300　营销中心电话：010 - 88191537
电子邮箱：dbts@ esp. com. cn）

前　言

　　我国资本市场功能缺陷的表现在于：股权融资功能被过度强化，而定价功能和资源配置功能、激励约束功能则出现了扭曲。本书在前人研究的基础上，突破了资本市场和公司财务理论相互割裂的局部研究思路，把金融学与财务管理学视为一个整体系统，对资本市场功能缺陷的制度性根源进行了深入探讨。

　　本书认为，资本成本作为公司财务学、投资学以及资本市场等领域的交汇点，应该是影响资本市场功能的深层次制度因素。本书不仅剖析了资本成本在我国缺位的原因，而且突破了金融学意义上的资本成本概念，赋予了资本成本以投资者产权的性质，使其成为剖析资本市场功能缺陷原因的一个关键工具。在此基础上，本书借鉴了投资学、公司财务学、新制度经济学和信息经济学的理论，揭示了资本成本影响资本市场功能的各种机制。首先，通过一个数理模型证明了资本成本的产权约束性是债权融资偏好的必要条件。其次，通过对股票定价理论模型的分析，指出资本成本即风险折现率是股票定价和效率市场假说的基础，进而是资本市场发挥资源配置功能的必要条件。再其次，通过对信息经济学激励模型中充分统计量选择的讨论，剖析了资本成本在管理者激励机制中的必要作用并探讨了资本成本对公司管理者的约束意义。最后，提出培育资本成本理念的制度性措施。

　　需要指出的是，学术界对资本成本的认识存在双重偏差。正是这种偏差导致了国内对资本成本的理解不够全面，进而影响了我国资本市场功能的正常发挥：从国外来看，由于现代金融学从建立之初就采用了机械决定论的研究范式，在估算资本成本时用历史 β 系数代替预期 β 系数，以致资本成本的估算先天不够准确。同样沿着机械决定论的思路，国内许多人把我国特有的资金成本概念混同于资本成本，导致资本成本概念的进一步混淆与缺位。这种双重认知偏差影响了资本市场功能的发挥，需要引起我们的高度重视。

在此基础上，本书指出了资本市场功能与资本成本理念的内在联系，为研究我国资本市场深层次问题提供了一个全新的视角。

宋　琳

2022 年 2 月

目　　录

第1章 导　　论

1.1　研究背景与研究主题

截至2020年5月29日，上证指数收于2852点，而2010年5月末上证指数为2592点，10年时间仅有10%的涨幅。与2007年上证指数创下6124点的历史性高位以及2015年5178点的次高位相比，上证指数更是"跌跌不休"。在经济高增长、上市公司成长性均领跑世界的背景下，这一历史性一幕引发了人们对我国资本市场功能的反思。在短暂的30余年当中，我国资本市场走过了西方发达国家几十年甚至几百年所走过的历程，为我国市场经济的建立起到了巨大的促进作用。但是我们也不得不看到，在资本市场的发展过程所出现的一些矛盾，随着时间的推移正在逐渐显现，已经发展到阻碍资本市场发挥其正常功能的地步，具体的表现是：资本市场的股权融资功能被过度强化，而定价功能和资源配置功能、激励约束功能则出现了严重扭曲。资本市场基本功能的这些缺失使社会资源的帕累托改进无法得到有效实现，进而使人们不得不对资本市场在经济增长中的效率贡献水平，即资本市场在配置资金资源、促进资本形成、推动经济良性运行与持续增长等方面的作用与效率产生怀疑。新时期持续提升资本市场的效率，充分发挥资本市场的功能，这既是我国进入工业化后期实现经济创新驱动、产业转型升级和高质量发展的必然选择，也是满足人民群众日益增长的财富管理需求的重要使命。因此，找出资本市场功能缺陷的原因并加以根治就成为一项紧迫的任务。

有关资本市场的研究在国外属于金融学的范畴。在国外，金融学（finance）也被称为"现代金融学"。诺贝尔经济学奖得主默顿·米勒指出"现代金融学"形成于1950年前后，其主要内容都是与诺贝尔奖连在一起的。自从MM定理以来，投资学与公司财务学就成为一个有机整体，共同构成了金融学的主体。①② 目前，金融学已演变为一门以微观经济主体投融资决策为核心的学问，一般设在管理学院、商学院或工商管理学院，③ 其研究对象不仅仅是资本市场和资产定价，还包括公司财务学的部分内容（公司财务和公司治理）。④ 换言之，由于公司财务理论和资本市场有着不可分割的关联性，所以以美国资本市场为典型代表的资本市场不是单纯的市场运行机制可以解释的。它们的正常运行，是有与之相匹配的公司财务理论做其"灵魂"和指导思想的。有人认为公司财务管理活动只是微观企业的事情，与资本市场没有什么关系，本书认为这种观点是极其错误的。由于公司企业的财务活动构成了资本市场的微观基础，对资本市场的宏观功能分析必须而且也只能从公司财务理论出发。

然而在我国，资本市场研究与财务理论的结合却很难令人满意：资本市场的理论研究通常属于投资学专业，而公司财务理论则属于财务管理学专业。在我国经济转轨的宏观背景下，这两大学科专业一直是相互隔离的，而且财务管理学的很多理念距与国际接轨还有一定差距，这一差距突出地表现在对资本成本这一现代金融学核心概念的理解上。现代公司财务理论中的资本成本指的是投资者的必要报酬率，而我国财务界却将其混同于以往会计成本意义上作为静态要素成本的资金成本概念（等于资金筹集费和占用费之和），结果造成了资本成本及其理念在我国的缺位。在这种学科体系被人为割裂的背景下，对资本市场功能及其缺陷的研究就容易表面化，难以触及资本市场发展中的深层次矛盾。

发挥资本市场功能可以促进资本形成与资本在政策引导方向上的集聚，为实体经济提供直接融资服务。我国金融市场长期以来以间接融资为主，直接融资比例一直过低，信贷风险集中在银行体系，急需发展壮大资本市场。在梳理国内外对资本市场功能的研究时，笔者发现国外学者研究的多为资本市场效率以及资本市场促进经济增长等问题，通常不涉及资本市场的功能缺陷及其原因。稍接近本书研究主题的是 20 世纪 90 年代中期由兹维·博迪和

① 郎咸平. 以学术参与现实 [M]. 北京：社会科学文献出版社，2004.

② 钱颖一. 经济学科在美国 [J]. 经济社会体制比较，2001 (6).

③ 张亦春. 金融学专业教育改革研究报告 [M]. 北京：高等教育出版社，2000.

④ 斯蒂芬·A. 罗斯为《新帕尔格雷夫经济学大辞典》所撰写的《金融》词条中概括了"finance"的四大课题："有效率的市场""收益和风险""期权定价理论""公司财务"。罗斯的观点集中体现了外国学者界定"finance"时倚重资本市场及公司财务的特质。

罗伯特·默顿等提出的"功能观点"来评价金融体系的研究，但很明显，这类研究关注和企图解决的仅仅是一般的金融体系发展命题，并未讨论资本市场功能缺陷在我国这样的经济转轨国家出现的原因以及根治问题，而这恰恰是本书研究中的重心。可见，由于体制差异和本书研究的特定区域指向，国外基本上不存在与本书相同的研究。笔者在进行文献检索、准备时也未见到相同主题的研究。[1]

再看国内的研究，我国资本市场从建立之初到今天一直都缺乏相应的现代财务理念作指导，只是市场交易制度建设的单兵突进。随着金融改革的不断深化，资本市场功能缺陷问题才开始引起国内学术界的关注，目前学术界已经对资本市场功能缺陷的原因做了大量的、多方位的探讨工作。但总体上看，这方面的研究成果无论在数量上还是深度上都显得不足，不能满足我国资本市场发展实践的要求。[2] 尤其需要指出的是，已有的这类初步性质研究，也只着重于在资本市场运行结构的框架内探讨资本市场功能建设，其视野较为狭隘，尚未发现财务学学者介入这一领域的研究，也没有发现运用现代财务理论剖析资本市场运行机制的有关研究成果。而结合产权理论引入资本成本这一微观外生变量来剖析我国资本市场功能缺陷的原因则完全是空白。

为了从根本上解决我国资本市场功能缺陷的问题，本书不仅从资本资产定价模型的估算源头分析了资本成本的认知偏差，进而探讨了资本成本与资金成本在我国的混淆原因及其造成的资本成本缺位问题，而且突破了纯粹金融学意义上的资本成本概念，将现代金融学和产权理论结合起来，对资本成本内涵进行了进一步扩展和深化，强调了资本成本作为投资者产权的性质，使其成为剖析资本市场功能缺陷原因的一个关键工具。在此基础上，本书揭示了资本成本影响资本市场功能的各种作用机制，指出了资本市场功能与资本成本特别是资本成本产权的内在联系，为研究我国资本市场深层次问题奠定了理论基础。笔者认为，正是这种资本成本与资金成本在我国的混淆及其带来的资本成本缺位才是造成我国资本市场功能缺陷的深层次制度性根源。

因此，目前与本书主题相同的研究，在国外基本不存在；而在国内，类似的研究只在宏观层面上有所起步，但其成果的深度与可操作性均有相当明

---

[1]　对中国资本市场进行三言两语的点评也属凤毛麟角，不成体系，如高小勇 1994 年对诺贝尔奖得主的采访。

[2]　有关国内外的文献综述详见第 5 章。

显的欠缺，尤其是缺乏将现代财务理念与资本市场制度建设统一起来的系统研究。基本上可以说，大多数学者（包括中国资本市场的推动者和决策者）都没有意识到资本成本理念是资本市场健康发展的核心和基石。[①]

综上所述，本书在选题上具有较强的理论意义和应用价值。

1.2 研究的主要问题、主要概念的界定

本节介绍本书研究的主要问题及对主要概念的界定。

1.2.1 研究的主要问题

从对客观现象的分析中，提炼出这些现象的内在联系及其内在原因，这是本书的最大追求。但笔者并不打算提出完善中国资本市场的一整套完整方案或充分条件，而是着眼于从对历史的追溯和现实状况的分析中，找出影响资本市场发挥健全功能的深层次必要因素，并得出对市场建设具有启发意义的观点。

资本成本作为联系投资学与公司财务学的纽带，在整个现代金融学体系中起着十分重要的作用。但是从其诞生伊始，人们对它的估算就出现了认知失误，以致无法完整地、准确地理解这一概念。即便如此，在我国，在企业微观融资活动和宏观资本市场上大量的研究者都使用资金的筹集费、占用费之和来表示资本成本，实际上使用的是资金成本概念，以致理论界和实际部门普遍忽略了资本成本及其作用，造成了资本成本及其理念事实上处于缺位状态。本书研究的主要问题就是从本质上明确区分资本成本与资金成本这两个概念，并从新制度经济学的视角上探讨资本成本的产权内涵，在此基础上分析资本成本特别是资本成本产权对资本市场发挥正常融资功能、风险定价功能、资源配置功能和激励约束功能的必要性，进而提出培育资本成本理念的制度性措施。

[①] 由于国内金融学与财务学两大学科处于相互隔离状态，金融学学者对于资本市场的研究通常不涉及财务理论，很少有研究将资本成本作为自己理论探讨的内核；财务学学者一般则将资本成本的研究局限于公司的微观融资决策，一般缺乏对资本市场的宏观关注，因此，这方面的研究基本上是一个空白。

需要加以说明的是，本书的重点在于探讨资本成本作为投资者产权和风险报酬率的作用，至于资本成本的详细计算方法不在探讨之列，也未对资本成本的决定因素做进一步分析。① 换言之，本书是将资本成本当作一个"黑箱"来研究。在模型数据的计算还不太准确的情况下，笔者关注更多的不是资本成本的传统计算方法和结果，而是资本成本在资本市场功能建设中的必要性，以及理解资本成本产权对资本成本的促进作用，进而提出培育资本成本产权理念的制度措施。

1.2.2 主要概念的界定

如果主要概念认识不清，学者们容易陷入概念的纠缠之中，影响对所研究问题的正确认识。因此，在导论部分有必要对本书的一些主要概念进行必要的说明。

资本市场：对资本市场这一概念所做的界定是本书必须做的研究前提。为简化论述和便于统计，本书研究视野中的资本市场主要是指形成一年期以上长期资本的各种直接融资市场，主要包括股票（权益）市场、债券市场，但不包括金融衍生市场。在本书中资本市场的含义等同于证券市场。

目前世界上至少存在着两种截然不同的金融模式，一种是以美国、英国为代表的市场主导型金融模式（market-based financial system）；另一种是以德国、日本为代表的银行主导型金融模式（bank-based financial system），前者以股票市场作为金融资源配置的基础，后者以商业银行作为金融模式的核心。格申克龙（Gerschenkron，1962）是最早对金融模式做出这样分类的经济学家。当然，对这两种融资方式也有不同方式的表述方式，如青木昌彦和帕特里克以股票市场和商业银行在公司融资、监控和治理中的相对地位为标准，认为世界上主要存在着以股票市场为基础的盎格鲁——美洲模式（the anglo-american pattern）和以商业银行为基础的日德模式。上述划分方式，尽管提法各异，但是基本上可以归纳为"两分法"：银行主导型和市场主导型。本

---

① 资本成本分析包括两个方面内容：一是对企业的资本成本进行具体测算；二是对企业资本成本的影响因素进行考察。目前该领域的研究侧重于对企业资本成本进行具体测算，而较少涉及对资本成本影响因素的分析。有关研究综述可参考：陆正飞. 基于中国资本市场的公司财务研究：回顾与评论［J］. 财会通讯（综合版），2004（9）、（11）；朱武祥，等. 中国公司金融学［M］. 上海：上海三联书店，2005.

书在此所讨论的是市场主导型模式下的资本市场。

中国资本市场：这是个狭义的概念，专指我国的 A 股市场和企业债券市场。由于研究的限制和篇幅的关系，本书没有对 B 股市场、香港地区和台湾地区股票市场进行专门的研究。后面出于行文的方便，在提及我国资本市场时，交叉运用资本市场、证券市场等概念，但均指以上含义。

本书之所以将我国资本市场发展模式也定位于市场主导型融资模式，是由于学术界、理论界对美国金融体系成功经验的研究成果已经十分丰富，而且"世界各国经济体系发展的结果能够跟股票市场挂钩的只有美国和英国，其他欧洲大陆所有国家股票市场都是差的"。

公司：本书中提到的公司或企业专指按《中华人民共和国公司法》组建的上市公司，也称公众公司。在所有类型的企业中其所有权与控制权的分离现象最为明显。

资本成本：资本成本是一个极为关键但又容易让国人望文生义的概念。与字面上的含义不同，资本成本在现代金融学中早已不具有静态要素成本的内涵，而是表示与经营风险相适应的机会成本，或者是企业为了维持其市场价值和吸引所需资金而必须达到的报酬率。

资本成本是"财务分析的中心论题"。由于"资本资产定价模型和其他资产定价模型可以确定将在资本预算中被用到的资本成本"，它们构成了现代公司财务理论的"主要基石"（另一主要基石是 MM 定理）。

本书首次将资本成本纳入新制度经济学产权理论的范式中，将其视为投资者的一项产权。事实上，许多金融资产都具有产权性质，只是我们以往都忽略了这一点，例如，"金融资产是指一切代表未来收益或资产合法要求权的凭证"。"证券可以是股份要求权或债务要求权"。而人类社会的一切社会制度，都可以被放置在产权分析的框架里加以分析。因此，强调资本成本的产权性质，可以使我们更有效地理解资本市场功能缺陷的症结所在。

资本成本又分为股权资本成本、债权资本成本和加权资本成本。如不加以特别说明，本书中提到的资本成本专指股权资本成本。

资金成本：资金成本就是企业取得和使用资金而支付的各种费用。这是一个建立在古典静态要素成本意义上的概念，是我国财务理论界创造并仍在使用的一个概念。我国学术界在定义资本成本时也往往照搬该定义，以致资本成本的真正含义少为人知。

1.3　理　论　基　础

　　资本市场功能缺陷是一个多层次、多侧面的复杂问题，既有理论意义，更有重大的实践意义。因此，研究的理论基础很重要。本书的理论基础是投资学理论、公司财务学理论、产权理论、信息经济学和制度变迁理论。本书研究的主题是资本成本对资本市场功能的必要性，其中资本成本是一个核心概念，它不仅"是公司金融学、投资学、宏观金融学以及资本市场等领域的交汇点"，而且是"宏观金融学研究的基础"，而后者的"目的是促使有效金融市场的形成，使公司和投资者之间的资源配置有序化"。本书认为，作为资本市场的制度性基础，资本成本应该是贯穿整个资本市场研究的主线。只有从资本成本出发，才能把握资本市场发展的内在规律和演变方向，才能对未来资本市场发展的问题、症结和对策进行深度研究。针对现有理论对于资本成本在资本市场的必要性研究不足，本书结合现代金融学和产权理论的相关研究成果，突出了资本成本的产权性质，并结合信息经济学的激励理论进一步对资本成本在资本市场功能建设中的作用和影响进行研究。

　　值得指出的是，新制度经济学的引进，为研究我国资本市场的发展注入了活力。我国资本市场的发展过程实际上是制度变迁和制度创新的过程。笔者以为，对资本市场的研究应深入制度的深层，才能揭示出资本市场形成和发展的规律，从而更好地指导我国资本市场发展的实践。新制度经济学因其对经济运行过程中制度背景的关注，在用来研究我国资本市场时比单纯从功能和机制上的研究更具有特别的借鉴意义。

　　目前学术界的共识是，此前中国资本市场制度的缺陷不是某一层次的、某一方面的瑕疵，而是一种全方位的、深度的制度缺陷，它出现于深刻的社会变革中。这种制度缺陷最终体现为经济功能的缺陷。从这样一个逻辑出发，对我国资本市场功能缺陷的制度原因探讨必然将是一个十分繁杂的、全方位的巨大工程。相应地，笼统的、诸多的制度性因素对资本市场功能的影响机制也难以梳理，以致所提出的根治措施也会由于其缺乏可操作性而容易流于空谈。造成这一困境的原因在于对"制度"一词的理解。制度经济学中的"制度"，其英文为"institution"。诺斯认为，"制度是一个社会的游戏规则，或更规范地说，它们是决定人们的相互关系而人为设定的一些制约"。包括正式约束（规章和法律）和非正式约束（习惯、行为规则、伦理规范）以及这些约束的实施特性。更加符合国人语境习惯的解释是韦森教授给出的，他把"institution"理解为从个人的习惯（英文为"usage"，即个人行动的常规性）到群体的习俗（英文为"custom"指一种自发社会秩序）、从习俗到惯例（英文为"convention"，一种非正式约束）、从惯例到制度（英文为"constitution"，指正式规则约束）这样一个内在于社会过程中的动态逻辑发展着的整体。在这个发展次序上，层级越低，越具有生命力，其决定效应越强；层级越高，则越有易变性。高层级的制度需要以低层级的制度作基础。以这样的标准来看，我国学术界绝大多数对资本市场功能缺陷的制度分析都是基于"constitution"的分析。① 而从更深层次（"usage""custom"乃至"convention"）进行的制度分析极为少见。资本成本，就属于"custom"或者"convention"层次上的制度因素。正是基于这样的分析，本书才认为，资本成本缺位是我国资本市场功能缺陷的深层次原因。

1.4　研究方法、主要结论及研究意义

本节主要介绍本书的研究方法、主要结论及研究意义。

1.4.1　研究方法

投资大师查理·芒格有着与大多数投资者完全不同的投资思维，他习惯于多角度对拟投资公司的内部经营状况及其所处的、更大的整体"生态系统"做出全面的分析。他将他用来收集和处理信息、并依照信息行动的框架称为"多元思维模型"，其理由是，几乎每个系统都受到多种因素的影响，所以若要理解这样的系统，就必须熟练地运用来自不同领域的"多元思维模型"。因此，"多元思维模型"借用并融合了许多来自各个领域的分析工具、方法和公式，这些领域包括历史学、心理学、生理学、数学、工程学、生物学、物理学、化学、统计学以及经济学等。

借鉴查理·芒格的"多元思维模型"，本书的基本研究方法包括以下八种。

---

① 例如股权分置及其改革问题。

1. 辩证唯物主义的研究方法。辩证唯物主义的研究方法是一切研究方法的总纲。国际学术界在估算资本成本时错误地使用了机械决定论的研究方法，把金融资产的历史收益率数据当作预期收益率来使用，造成了人们思想认识上的混乱。本书就是用辩证唯物主义的研究方法对此拨乱反正。

2. 系统分析法。运用系统分析方法是本书研究的一个突出特点。所谓系统分析方法，就是借用当代管理科学发展的最新成果——系统科学，对经济学命题进行分析的一种方法。本书中，在总体上用系统方法对资本市场进行了分析，将现代公司财务思想与资本市场视为一个有机结合的整体，并以资本成本为基础建立了一个新的分析框架，认为离开了现代公司财务"灵魂"的我国资本市场必然是功能残缺的市场。

3. 学科交叉法。本书的研究涉及投资学、公司财务学、信息经济学、数理经济学和新制度经济学等主要学科。本书将借鉴"现代金融学"的基本原理如资本资产定价模型、效率市场假说和新制度经济学的制度变迁和产权理论以及信息经济学的委托—代理理论，来分析资本成本特别是资本成本产权对我国资本市场发挥健全功能的必要性。

4. 宏观研究与微观研究相结合的方法。将作为现代公司财务理论基础的资本成本和本土理论界所实用的资金成本进行比较属于微观研究，而把资本成本作为资本市场发挥正常功能必要条件的分析属于宏观与微观相结合的研究。

5. 规范与实证相结合的方法。实证分析包括理论实证和经验实证或经验检验两种。前者是从对经济现象的分析归纳中概括出一些基本的理论前提假设，并以此为起点，运用多种手段，如数理统计，进行进一步的逻辑分析并得出结论。然后逐步修改假设，使结论更接近事实。本书对资本成本的约束性所产生的企业融资偏好研究就运用了这种方法；后者是对一些现象、假说或理论实证的研究结论进行经验检验。规范分析则是一种价值判断，它研究判断经济现象和理论的"好""坏"，并评价经济现象和理论"应该"如何。本书对资本市场功能缺陷的研究就属于这种方法。

6. 比较制度分析法。本书通过对发达市场上的资本成本和我国资本市场的资金成本的比较研究，发现了我国资本市场功能缺陷的深层次制度根源。

7. 历史与逻辑相结合法。任何事物的发展都具有路径依赖特征，外在表现总可追寻到内在原因。任何分析现状与提出建议都必须以此为起点，而不能以假设的理想状态为前提。本书分析了资本成本在我国缺位的初始动因及其制度变迁，以此探讨资本市场运行机制扭曲和资本市场低效的根本原因，力求将资本市场运行机制的分析建立在历史与逻辑的一致上。

8. 采用归纳法、演绎法、综合法和因素分析法等研究方法，提出培育资本成本产权理念的措施建议。

1.4.2 主要结论

通过对中西方资本市场和财务理论的比较研究，本书认为，作为投资者必要报酬率的资本成本也是投资者的一项产权；如果投资者缺乏资本成本理念，就必然会导致资本市场的各种功能缺陷。换言之，我国出于为国企解困的目的引进了现代资本市场架构，但却把与之配套的现代财务理念拒之门外，使得简单"移植"过来的资本市场"水土不服"。我国资本市场上出现的诸多功能缺陷实际上就是这种"排异性反应"的结果，以致借鉴国外经验的我国资本市场仅仅是"形似"而"神不似"。由于忽略了历史发展本来规律的"拿来主义"式借鉴，作为强制性制度变迁结果的我国资本市场自然显得有些尴尬。

在经济转轨的背景下，我国资本市场的再一次制度创新离不开强大中央政府的制度供给。政府需要克服既得利益阶层的压力并打破其设定的路径依赖，重新回归到资本市场作为投资市场的制度安排上来。具体的做法就是培育资本成本的产权约束，而低端信用的一级市场和私募资本市场是培育资本成本产权理念的关键场所。

1.4.3 研究的意义

在对我国资本市场功能的研究中，现有文献多从资本市场结构、资本市场制度绩效和制度设计等方面着手进行，有关研究成果也多集中在资本市场制度功能的完善上，为数不少的研究仅仅局限于就功能论功能，就制度论制度，而运用系统分析方法探讨由资本成本这一微观制度变量的缺位导致的资本市场功能缺陷的研究尚不多见，从而资本市场功能完善措施的再设计往往缺乏深层次的制度依托。

本书借鉴前人研究成果，首次把国内的金融学与财务管理学两大学科视为一个整体理论体系，突破资本市场和现代公司财务理论相互割裂的局部研究思路，对资本市场功能缺陷的制度性根源进行了深入探讨，从理论和实证两个方面论证了资本成本缺位是造成中国资本市场功能缺陷的深层原因，为我国资本市场建设提供了一个全新的视角。

本书的实际应用价值在于为证券管理部门进行资本市场功能建设提供理论依据，特别是为多层次资本市场的目标指向提供参考性意见，并有助于从根本上恢复我国资本市场的投资价值。

需要指出的是，本书在此并不赞同完善资本市场必须进行产权清晰的解决办法。一般而言，所谓产权清晰一词实际上是指所有权的清晰，是对产权的一种误用。事实上，企业所有权清晰并不是使资本市场发挥功能的必要条件，如英美以外的各国资本市场均可为证。本书强调的则是投资者的资本成本产权对资本市场功能的必要性。按照产权理论，投资者的产权也是一组权利束，① 包括收益权、投票权、转让权、普通分红权等，本书认为还应该包括必要报酬权（即资本成本产权）。因此，本书提出的明晰资本成本产权的制度安排是一种新思路，并不涉及所有制的争论，具有较强的应用价值。

而且，明确资本成本产权还对国资改革具有较强的借鉴意义。换言之，可以通过强化国有股东的资本成本产权来解决产权边界模糊等问题，并建立相应的管理层激励约束机制，实现国有资产的保值增值。

1.5　主要创新与有待进一步研究之处

本节主要介绍本书的主要创新与有待进一步研究之处。

1.5.1　本书的主要创新之处

1. 一方面，本书借鉴了韦森教授把"制度"理解为从"usage"到"custom""convention"，再到"constitution"的动态逻辑思路，改变了以往学术界基于"constitution"对资本市场功能缺陷所进行的制度分析，而是引入资本成本这样一个在"custom""convention"的更深层次上的制度变量来研究我国资本市场功能缺陷；另一方面，将资本市场理论与现代财务理论视为

---

① 例如房屋的产权就包括所有权、转让权、出租权甚至采光权等。

一个有机的整体系统来研究，即资本市场功能的发挥必须有相应的资本成本为支撑。换言之，认为资本成本是市场主导型金融模式成功的必要条件。

2. 通过对使用资本资产定价模型估算资本成本方法的批判，阐述了资本成本被错误认识的根源。资本资产定价模型对于资本成本与 β 系数的估算避而不谈企业活动中人的社会性，不承认金融模型对生产实践的依赖关系，把金融模型看作直观的、消极的、被动的反映，把抽象的数学概念和概率分布当作上市公司业绩的决定力量。这一错误，至今还在广泛而持续地影响着企业的投融资活动，自然也影响着我国资本市场各种功能的正常发挥。

3. 尝试将产权理论融入资本成本的内涵及其对资本市场功能的分析中。认为在成功的市场主导型金融模式中投资者应该具备资本成本权利意识。

4. 建立了一个以资本成本为约束条件的数理模型证明无税条件下股权融资与债权融资的实际成本完全相同，进而论证了有税条件下资本成本的约束性是纠正我国资本市场超强股权融资功能的必要条件。

5. 指出资金成本与资本成本在我国的混淆是资本成本缺位的根源。

6. 提出一级市场和私募市场是培育资本成本产权理念的关键场所。

1.5.2　有待进一步研究之处

1. 资本成本与金融衍生工具的关系以及对金融衍生市场功能的影响是笔者今后的研究任务。

2. 资本市场的融资功能与资源配置功能很可能存在此消彼长的关系，限于篇幅本书对此未能做进一步的深入研究。

3. 资本成本产权对公司治理结构的全方位影响。

4. 我国上市公司资本成本的决定因素与核算问题。

1.6　本书的结构安排

本书一共分为9章。除第1章导论外，其余8章的结构安排如下。

第2章介绍了资本成本作为金融资产预期收益率的本质。资本成本从其诞生伊始，就是预期思维的产物。而预期思维，贯穿了现代金融学和公司金融理论的始终。

第 3 章剖析了长期以来使用资本资产定价模型及修正模型估算资本成本的错误及其机械决定论根源。

第 4 章分析了资本成本与资金成本在我国混淆的背景和原因，对两者的本质区别进行了深入的探讨。

第 5 章梳理了国内外关于资本市场市场功能研究的现状；列举了我国资本市场目前存在的最主要功能缺陷的表现：过于强大的股权融资功能、扭曲的风险定价和资源配置功能、缺位的激励约束功能；对探讨我国资本市场功能缺陷原因的相关文献进行了综述介绍，并指出资本成本缺位是我国资本市场功能缺陷的深层次制度原因。

第 6 章针对我国上市公司的股权融资偏好，通过建立数理模型定量证明了资本成本的产权约束对上市公司债权融资偏好的必要性。

第 7 章通过对股票定价理论和定价模型的分析，指出资本成本即风险折现率是风险资产定价和效率市场假说的基础，进而是资本市场发挥资源配置功能的必要条件。

第 8 章通过分析资本成本作为衡量行业经营系统性风险的指标是一个非常合适的充分统计量，论证了以资本成本为基础的 EVA 激励是一种优于年薪激励和期权激励的管理者激励机制，有助于解决信息不对称条件下的道德风险问题。此外本章还探讨了资本成本在管理者约束中的直接和间接作用。

第 9 章运用新制度经济学的原理，指出资本成本缺位是我国经济转轨过程中制度变迁和路径依赖的结果，资本成本缺位已经陷入路径"锁定"状态。要使我国资本市场长期健康发展，就必须重新回归到资本市场作为投资市场的制度安排上来，即有必要采取相应的措施彻底摒弃资金成本的理念恢复资本成本特别是资本成本产权的本来面目。

第2章 作为预期收益率的资本成本

资本成本从其诞生伊始，就是预期思维的产物。而预期思维，贯穿了现代金融学和公司金融理论的始终，成为它们与其他经济学和管理学科专业相比挥之不去的永久印记。

2.1 预期收益率

20 世纪上半叶，经济学家已经开始使用预期收益率。凯恩斯在 1936 年出版的《就业、利息与货币一般理论》中就用"预期收益率"（prospective yield）的名词来指称资产的内在价值（intrinsic value）。书中写道："根据预期收益率判断，你相信某个投资标的的价值是 30 美元，因此你愿意付出 25 美元买进，可是你又相信，这项投资标的的市场价格在三个月后会跌到 20 美元，这实在是件不合理的事。"[①]

从上面这句话中可以看出，至少在 1936 年，经济学理论中就出现了预期收益率的概念。但是与我们现在使用的表达方式不同，那时预期收益率的概念是用资产的绝对价格表示。对此，萨缪尔森认为用资产的绝对价格表达预期收益率是有问题的，因为"有价证券的价格不可能跌到零以下"。股价无法跌破零的理由，是因为公司股东只具备有限债务责任，根据法律规定，股东的损失不能超过他们投资的金额，同时他们也没有义务偿还公司的负债。市价 15 美元的股票最多只能下跌 15 美元，但是上涨空间却是无限的。而如果上涨空间无限，下跌底线是零，那么期望值的概率分布就不对称。

---

① 彼得·伯恩斯坦. 投资革命：源自象牙塔的华尔街理论 [M]. 李繁康，等，译. 上海：上海远东出版社，2001.

为此，萨缪尔森重新定义了预期收益率的概念，即采用价格变动的相对值而不是绝对值。在发表于 1957 年刊登在麻省理工学院出版的《工业管理评论》的《合理的预期价格呈现随机波动现象的证明》（*Proof That Properly Anticipated Prices Fluctuate Randomly*）一文里，萨缪尔森就以"影子价格"（shadow price）来描述所谓的真实价值，也就是凯恩斯所说的"预期收益率"① 萨缪尔森写道："我们认为在市场中的人们，基于贪婪和理智的自利（avid and intelligent self-interest），将会把未来事件纳入考虑因素，就概率的意义来说，我们或许可以察觉到，这些未来的事件会把它们的影子投射在事件发生以前"。② 更进一步，萨缪尔森承认，如果人们没有预设一个期望的最低报酬，那他们将不会进行投资。风险性资产的预期最低报酬较高，而较安全的资产则较低。③

至此，资本成本的概念就呼之欲出了。

2.2　资本成本的定义

资本成本是伴随着两权分离的现代企业制度而来的概念。国内文献对资本成本的介绍比较零散，本书尝试对现代市场经济下的资本成本内涵做出较为全面的分析和概括。

资本市场中的经济规律是超越国界的。准确地理解现代金融学中的资本成本这一核心概念，在我国也同样具有极其重要的意义。

从字面上看，资本成本（cost of capital，COC）容易让人联想到它是企业筹措资本这种生产要素的成本。事实上，这种简单的理解是片面的。目前关于资本成本权威的定义是《新帕尔格雷夫货币金融大辞典》给出的："资本成本是商业资产的投资者要求获得的预期收益率。以价值最大化为目标的公司的经理把资本成本作为评价投资项目的贴现率或最低回报率"。莫迪利安尼和米勒（Modigliani and Miller，1966）认为，"在企业现有的投资者看来，资本成本是一项实物资产投资可以被接受时应具有的最低预期收益率"。其他相似的定义还有"资本成本是企业为了维持其市场价值和吸引所需资金而

①②③　彼得·伯恩斯坦. 投资革命：源自象牙塔的华尔街理论［M］. 李繁康，等，译. 上海：上海远东出版社，2001.

在进行项目投资时所必须达到的报酬率或者资本成本是企业为了使其股票价格保持不变而必须获得的投资报酬率"。

国内教科书中给出较为准确定义的是注册会计师全国统一考试辅导教材《财务成本管理》："资本成本是一种机会成本，指公司可以从现有资产获得的，符合投资人期望的最小收益率。它也称为最低可接受的收益率、投资项目的取舍收益率。"可见，按照现代金融理论的解释，资本成本是投资者所要求的回报率即预期收益率，或者是有一定约束的公司融资成本（企业为了维持其市场价值和吸引所需资金而必须达到的报酬率）。

2.2.1　资本成本与市场主导型金融模式

资本成本是现代金融学中一个极为关键的概念，而现代金融学出现的背景是市场主导型金融模式，因此，需要对市场主导型金融模式与银行主导型金融模式的区别做简单介绍。

2.2.1.1　市场主导型金融模式

由于英美等发达国家实行典型的"自由主义的市场经济"体制，其资本市场十分完善。银行和企业间的产权制约则较弱，主要靠短期的债权联系和系统、严格的法制来解决争端。企业长期资金主要源于自我积累和直接融资。因此，企业行为和评价完全受资本市场所左右。研究表明，这一金融模式的形成不仅与英美"自由主义的市场经济"体制有关，而且与其金融发展的历史有关。以美国为例，一方面，早在19世纪后期美国的资本市场就已在从事政府债券交易和公用事业股票交易市场的基础上形成，企业能够很方便地通过资本市场筹集资金，因而在长期的金融发展中形成了以资本市场为主的金融体制。另一方面，美国历史上有反对金融混业的传统。1933年制定的《格拉斯——斯蒂格尔法》规定投资银行和商业银行必须业务分离，商业银行被禁止从事股票业务，不得持有企业的股份等。由此，美国形成了市场主导型金融模式。

在这种模式下，企业对资本市场的依赖比之对银行的依赖要大得多。因此，对公司治理结构真正施加影响和监督的是资本市场。资本市场向投资者提供了多种分散风险和获取收益的投资组合，同时使投资者的剩余索取权非常明确。这种强大的投资者约束和资本市场约束，使公司治理结构中各方的制衡关系较为平衡，经营透明度大，因而投资者权益可以得到较好的保障。

2.2.1.2 银行主导型金融模式

银行主导型金融模式以日本、德国为主。在日本，大企业间实行交叉持股，资本市场制约作用较弱，主银行与客户企业命运紧密相连，不可分割；在德国，由于实行的是全能银行制度，银行既是企业的贷款者，又是企业的投资者，还是其他投资者的受托投资人，银行与企业的关系相对比较稳定。因此，与市场主导型金融模式中企业关注股东和资本市场提供的评价、奖励和惩罚不同，日本和德国的企业更看重的是银行家和经理人员的评价和激励。

综上所述，植根于市场主导型金融模式中的、同属于现代金融学范畴的现代财务理论自然把股东的权利置于很高的位置。此时，股东的最低回报收益率即资本成本即是应有的题中之意了。我们可以更进一步说，资本成本是市场主导型金融模式的必然产物。

因此，本书的所有讨论和分析都是在市场主导型金融模式的框架下进行的。

2.2.2 资本成本与股东至上的公司治理目标

在市场主导型金融模式中，面对公司治理最终目标这个问题，存在着传统和新兴的两种针锋相对的观点。传统的观点认为公司治理的目标是"股东至上"，在于确保股东的利益，确保出资者可以得到其应得到的投资回报（Shelifer and Vishny，1997）；新兴的观点则认为公司治理目标应该是"利益相关者至上"，应考虑包括员工、供应商、政府和客户等在内的利益相关者的利益及其关系，以及对他们之间的关系做出规定的安排（Blair，1995）。

"股东至上"代表的是传统的公司治理目标理论，并且得到了许多人的支持。例如，美国法学家弗里德曼就认为公司的不应有社会良知。他的一句名言是："公司的社会责任就是为股东们赚钱"；哈耶克也曾指出，公司的唯一目标在于按照最能获利的方式使用股东授予经营层的资本，对利润最大化目标的偏离都将危及公司的生存，并使股东获得无休止追求社会目标的难以控制的权利。公司不是慈善家，不能将其资源用于利润以外的其他社会目的。相关利益者理论的思想最早可以追溯到哈佛法学者杜德，他在1932年指出公司董事必须成为真正的受托人，他们不仅要代表股东的利益，而且也要代表其他利益主体如员工、消费者特别是社区的整体利益。1963 年斯坦福研究所最先提出"利益相关者"的概念。自 20 世纪 70 年代以来，相关利益者的定义越来越多起来。但相关利益者的最主要倡导者当属美国霍普金斯研究所的布莱尔，她在 1995 年的专著中在批判股东至上主义的基础上，有针对性地提出了相关利益者理论。

对于上述分歧，本书的观点是：在目前中国经济转轨时期，公司治理的目标是"股东至上"。主要理由有以下五点。第一，公司治理的核心是维护股东权益，改善公司治理的动力来自股东。如果股东没有为维护自己权益而积极参与公司治理的积极性，那么就可能出现内部人控制问题。第二，公司治理的最佳机制应提供尽可能的激励措施，以有效利用资本。而雇员等利益相关者在工作中的自身利益将会与这一激励机制相冲突。此外，雇员享有的各种合约保护，股东均无法享有。相反，在公司倒闭时，股东要承担剩余风险（residual risk）。所以，公司治理的目标仍然应该是"股东至上"。第三，如果公司要考虑各个相关利益者的利益，那么这些利益相关者当中谁的利益重要呢？他们各自的利益大小如何界定？这些都是难以界定的事情。第四，"利益相关者至上"会增加公司决策的难度。如果公司治理结构的目标是多元的，公司管理者往往可能会借以支持一些相关利益者的利益而损害另一些利益相关者的利益。第五，从实践上看，由于产品市场的竞争、股东要求更高的回报以及全球资本市场的一体化，已有越来越多成功企业的案例，有力地支持了以股东价值最大化作为公司治理的价值取向。

因此，在我国目前的经济发展阶段，"股东至上"是较为可取的治理目标。在这样的治理目标下，投资者的利益必须得到起码的保护，而资本成本就意味着这种必要的保护。

2.2.3 资本成本与现代财务理论的发展

"概念"是"反映对象的本质属性的思维形式。人们通过实践，从对象的许多属性中，撇开非本质属性，抽出本质属性概括而成"。"概念不是永恒不变的，而是随着社会历史和人类认识的发展而变化的"。资本成本概念的形成与确定，也有一个发展的过程，而且与现代财务理论和资本市场的发展息息相关。

现代财务理论的发展大致可划分为以下四个时期。

2.2.3.1　融资财务管理时期（19 世纪末～1950 年）

在这一阶段，各类企业都面临着如何筹集生产经营所需资金问题。因此，如何筹集资金成了当时财务管理研究的重要任务。从一定意义上讲，当时财务管理问题就是融资管理问题。因此，这一时期称为融资财务管理时期或筹资财务管理时期。

最早系统地研究企业筹集资金问题的是格林（Thomas Greene），他于 1897 年出版了《公司筹资》。1910 年美国学者米德（Meade）出版了 20 世纪第一部专门研究公司筹资财务管理的著作《公司财务》，随后，一系列公司筹资理论著作的问世，奠定了现代财务管理理论中筹资理论模式。例如：1920 年，杜因（Dewing）出版了《公司的筹资政策》。1934 年，史蒂文斯（Stevens）出版了《财务组织和管理》。第二次世界大战后，皮尔森（Pearson Hant）发表了一系列论文，不仅研究了公司的外部筹资问题，还研究了公司的内部财务管理问题，引起了理论界对公司内部财务管理问题的广泛重视。

这时财务理论最大的缺陷是忽视资金使用问题，因此存在很大的局限性。

2.2.3.2　资产财务管理时期（1950～1964 年）

20 世纪 50 年代以后，面对激烈的市场竞争和买方市场趋势的出现，在总结历史经验教训基础上，财务经理普遍认识到，单纯靠扩大融资规模、增加产品产量已无法适应新的形势发展需要，财务经理的主要任务应是解决资金利用效率问题，做好资金利用的决策。公司内部的财务决策上升为最重要的问题，而与融资相关的事项已退居第二位。在此期间，资金的时间价值引起财务经理的普遍关注，以固定资产投资决策为研究对象的资本预算方法日益成熟。最早研究投资财务理论的迪安（Joel Dean）于 1951 年出版了《资本预算》，对财务管理由融资财务管理向资产财务管理的飞跃发展发挥了极大作用。由于这一时期资产管理成为财务管理的重中之重，因而称之为资产财务管理时期。

20 世纪 50 年代后期，对公司整体价值的重视和研究，是财务管理理论的另一显著发展。1958～1961 年莫迪利安尼和米勒（Modigliani and Miller）经过大量实证研究，对投资决策、融资决策与企业价值之间的相关性进行了深入研究。提出了著名的 MM 定理，奠定了现代公司财务理论的基础。

2.2.3.3　投资财务管理时期（1964～1979年）

以马科维兹（Markowitz，1952）的投资组合理论为基础，1964年，夏普（Sharpe，1964）提出了资本资产定价模型。这一模型迈出了现代财务管理从定性描述到定量分析的重要一步，建立了第一个在不确定性条件下关于资本资产定价的均衡模型，因而成为金融经济和公司财务管理中的一个主要的模型，被认为是现代金融市场价格理论的"脊梁骨"，被广泛应用于测定投资组合绩效、证券估价、决定资本预算以及公共事业股票管理中。其结果是导致财务学中原来比较独立的两个领域——投资学和公司财务管理的相互融合，使公司财务管理理论跨入了投资财务管理的新时期。

也正是在这一时期，来自古典经济学静态要素成本之一的资本成本在经历了向动态成本（边际成本、机会成本等）的转变后，终于借助于资本资产定价模型为股权资本成本测算提供了坚实的理论基础。

此后，法玛（Fama，1970）从统计上和概率上定义了有效资本市场，提出了有效资本市场理论。70年代后，金融衍生工具的推陈出新使公司与金融市场的联系日益加强，推动了财务管理理论日益发展和完善：布莱克等（Black et al.，1973）创立了期权定价模型；罗斯（Ross，1976）则提出了套利定价理论，为资本成本的测算提供另一种计算方法。

也正是在这一时期，对资本结构的理论研究也得到了进一步的深化，以MM定理为开端，逐渐发展出破产成本理论、税差理论、权衡理论、信号理论和信息不对称理论等。

2.2.3.4　财务管理深化发展的新时期（1980年以后）

20世纪80年代后，企业财务管理进入深化发展的新阶段。在这一阶段，财务管理的主要任务是提出解决具体问题的方法并进行相关的决策，朝着国际化、精确化、电算化、网络化的方向发展。

2.2.4　资本成本的产权性质

从前面关于资本成本的定义出发，我们可以看到资本成本起码具有三层含义：第一层含义是机会成本；第二层含义是与风险等相关的预期报酬率；第三层含义是"必要"或"应该达到"的报酬率，这是以往被忽视的含义，换言之，资本成本在某种程度上是一种权利，是一种对公司法人的约束。从这个意义上，本书将资本成本视为投资者的一项产权。

事实上，许多金融资产或多或少都具有产权（property rights）性质，例如，"金融资产是指一切代表未来收益或资产合法要求权的凭证"。"证券可以是股份要求权或债务要求权"，只不过资本成本的产权性质更为明显。

2.2.4.1　什么是产权

产权是财产权利的简称，最初作为一个法学范畴，侧重于所有权，它所关注的是公平、合理及所有权的具体内容。从经济学的角度研究产权的经济学家应首推马克思，而将产权作为经济学的一个基本范畴纳入经济分析之中，源于科斯对交易费用理论的研究。① 对于产权的具体含义，目前理论界还没有一个权威的、被普遍接受的定义，存在着多种多样的解释，但这些解释没有本质上的矛盾，只是解释的角度和研究方法不同而已。以下观点具有一定的代表性。

登姆塞茨在《关于产权的理论》中指出，所谓产权，意指使"一个人或其他人收益或受损的权利。……产权是一种社会工具，其重要性就在于事实上它们能帮助一个人形成他与其他人进行交易时的合理预期。这些预期通过社会的法律、习俗和道德得到表达"。登姆塞茨又说："产权是界定人们如何受益及如何受损，因而谁必须向谁提供补偿以使他修正人们所采取的行动"。阿尔钦在《产权：一个经典注释》一文中写道："产权是一个社会所强制实施的选择一种经济品的使用的权利。"他在《新帕尔格雷夫经济学大辞典》中对产权做了较权威性的定义："产权是一种通过社会强制而实现的对某种经济物品的多种用途进行选择的权利。"他不仅把产权作为一种权利，而且更强调产权作为一种制度规则，是形成并确认人们对资产权利的方式，是一系列旨在保障人们对资产的排他性权威进而维持资产有效运行的社会制度。费希尔（I. Fisher）则认为，"产权是享有财富的收益并且同时承担与这一收益相关的成本的自由或者所获得的许可"。

较为全面的定义是菲吕博腾及配杰威齐在《产权与经济理论：近期文献的一个综述》中给出的，"产权不是关于人与物之间的关系，而是指由于物的存在及关于它们的使用所引起的人们之间相互认可的行为关系……它是一

---

① 美国经济学家科斯 1930 年发表了《企业的性质》的论文，被认为是开创了产权经济学。

系列用来确定每个人相对于稀缺资源使用时的地位的经济和社会关系"。这一定义概括了从不同角度给产权下的定义，并与罗马法、习惯法以及现代法律对产权的定义基本上一致。

在现实中广泛运用的观点是认为产权即财产所有权，其权威性的来历是《牛津法律大辞典》：产权"亦称财产所有权，是指存在于任何客体之中或之上的完全权利，它包括占有权、使用权、出借权、转让权、用尽权、消费权和其他与财产有关的权利"。

产权在英文中是个复数名词，即"property rights"，这意味着产权是一组权利束。同时产权本身是可分解的，正是因为如此，才有界定各种权利边界的必要。不同人在不同时间的不同需要可以通过细分产权来实现，使资源配置具有灵活性。

因此，资本市场上投资者的权利也同样可以视为投资者的产权。

2.2.4.2　传统意义上投资者的产权

1. 股东基本权利。

投资者作为上市公司的股东，享有上市公司股东的基本权利。

股东在上市公司中的地位，如图 2.1 所示。

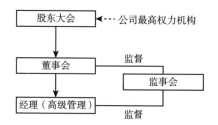

图 2.1　股东在上市公司的地位

根据我国公司法及相关法律规范的规定，作为公司的股东，投资者在上市公司可以行使的权利包括但不限于以下内容。

（1）分红权。

投资公司是为了获取回报，当然你就应该享有上市公司股利分红。股利由股息和红利两个部分构成。

（2）知情权。

法律规定股东享有对公司经营状况等的知情权，因此，根据法律和行政法规的规定，上市公司有披露信息的义务，投资者有权定期或不定期地了解到：①上市公司季度、中期、年度报告；②公司重大事项临时报告。

此外，投资者有权随时查阅公司的重要文件。其中包括：①公司章程；②本人持股资料、股东大会会议记录、中期报告和年度报告、公司股本总额、股本结构等。

（3）股东大会权利。

出席股东大会行使权利包括出席权、表决权、临时股东大会召集请求权、监督、建议、质询权。

（4）股份持有与处置权。

作为股东，可以对自己名下的股份予以转让、赠与或质押。

（5）剩余财产分配请求权。

公司清算时，你有权按所持有的股份份额参加公司剩余财产的分配。寻求司法保护权。

当股东的合法权益受到公司、公司董事、监事、经理及其他高级管理人员或其他股东侵害时，对侵害股东权利的行为，股东有权依法追究公司及有关责任人的法律责任，可以通过司法途径寻求保护。具体包括以下七项。

①对由发行人欺诈发行行为造成的自身损失具有向法院提起诉讼请求民事赔偿的权利。

②股东大会的决议违反法律、行政法规，侵犯股东合法权益的，股东有权依法向人民法院提起民事诉讼。

③对股东大会的召集、召开、表决程序及决议的合法有效性发生争议又无法协调的，可以向人民法院提起诉讼。

④对上市公司及董事、监事、经理等高管人员未履行信息披露或违背诚信义务对投资者造成的损失具有索赔的权利。

⑤董事会的决议违反法律、行政法规，侵犯投资者合法权益时，股东有权向人民法院提起诉讼要求停止该违法行为和侵害行为。

⑥追究原上市公司因违法违规摘牌对投资者造成的损失，有权向摘牌公司及其责任人提出索赔。

⑦法律、行政法规及公司章程所赋予的其他权利。

2. 证券交易中的权利。

（1）股票持有与处置权。

投资者持有上市公司股票，并以记账形式登记在股票账户，投资者对自己购买的股票享有持有权和处置权。这种权利具体表现为：投资者可以自由买卖、赠与或质押自己名下的股票。

（2）股票交易知情权。

投资者对证券交易过程同样享有知情权。证券营业部代理投资者完成股票交易的过程应该透明，投资者有权知晓委托、交易、清算交割等方面的信息。

（3）寻求司法保护权。

当投资者的合法权益受到证券公司或其他证券中介机构侵害时，投资者可以通过司法途径寻求保护。证券公司或其他证券中介机构违反法律、行政法规，侵犯客户合法权益的，投资者有权依法向人民法院提起诉讼要求停止该违法行为和侵害行为。

2.2.4.3 资本成本应该被视为投资者的一项产权

首先，投资者的产权是一种新型的财产权利。股东一旦把自己的财产投入公司，成为公司的法人财产，投资者不能再原封不动地保留原本所有权的全部内容。不能任意地支配投入公司的财产，但同时又没有丧失原本所有权的一部分，也是最为重要的一个部分；即最有归属意义的最终所有权和剩余索取权，应该说出资者所有权已由原来完整意义的所有权转化为投资者产权，表现为一系列的权利束，包括转让权、监督权、参与决策权、股息分配请求权、剩余资产分配权等（这一过程实际上是具体权利束的重组过程）。

其次，产权是可分解的。其意义在于，在现代经济中"合作性的生产过程高度依赖于私有产权各组成部分的分割与专业化"。

基于以上分析，笔者认为，在投资者的产权束中，除了转让权、监督权、参与决策权、股息分配请求权等权利外，还应该可以再分解出必要风险报酬权即资本成本权。[①] 而且，在投资者的产权中分解出资本成本权利无疑会有利于企业组织的合作性生产。[②]

事实上，新制度经济学是用发展的眼光看产权的："产权的界定是一个演进过程。随着新的信息的获得，资产的各种潜在有用性被技能各异的人们发现并且通过交换他们关于这些有用性的权利而实现其有用性的最大价值。每一次交换都改变着产权的界定"。随着人们对资本成本认识的深入，资本

[①] 更详细深入的讨论有待于金融学家和法学家的进一步努力。

[②] 最直观的作用就是资本成本形成对公司管理层的约束，从而有利于促进有效的公司治理结构。

成本被视为投资者产权的一项新的权能正是对上述"产权的界定是一个演进过程"的最好注释。

显然，从投资者产权中分解出来的资本成本具备产权的性质。登姆塞茨说："产权是一种社会工具，其重要性就在于事实上它们能帮助一个人形成他与其他人进行交易时的合理预期……产权包括一个人或其他人受益或受损的权利"。资本成本作为企业在投资时为维护其市场价值和吸引所需资金所要求的报酬率，其能否实现就意味着投资者或者公司法人的受益或受损。另外，资本成本是一种回报，是投资者与其他投资者进行交易所设想的合理预期收益率。只有界定了资本成本的产权性质，不确定性及交易的成本才能降低，投资者才会做出相应的投资决策，才会形成与他人交易的合理预期。此外，新制度经济学还认为，私有产权的决定性特征是其具有较强的排他性，正如柯武刚、史漫飞所说："私人产权的决定性特征是，一项财产的所有者有权不让他人拥有和积极地使用该财产，并有权独自占有在使用该财产时所产生的效益。"资本成本强调投资要求收益的权利，显然这种回报及收益也具有排他性。所以从本质上说，资本成本与其他产权一样，都是要求回报的某种权利，是一种物质利益关系，是在交易过程中形成的人与人之间的关系。

可见，资本成本与产权两者貌似风马牛不相及，但实质上关系甚密，资本成本完全可以视为投资者的一种产权。资本成本从财务学概念出发，把它定义为一种机会成本，表示与投资机会成本和投资风险相适应的回报率，而产权则从法经济学概念一步步发展而来，带有更多法律强制力的色彩，更侧重于界定为一种权利，但是两者本质上都是因为物的存在而获得利益的一种物资利益关系。

据此，笔者认为，资本成本应该是投资者产权之一，因而也同样具有权能和利益这两个部分基本内容：① 资本成本的权能是指资本成本的必要报酬权利，而资本成本的利益则是指资本成本数值的确定和多少。在纯粹的投资学和公司财务学中，人们通常只看到了资本成本的利益一面而忽视了资本成

---

① 在产权经济学家看来，对财产的任何权利都由两部分基本内容——权能和利益构成。所谓权能就是产权主体对财产的权力或职能，是一个掌握或行使问题，是带有产权主体意志的行为，回答的是"产权主体必须干什么，能干什么"。产权的利益是产权对产权主体的效用或带来的好处，是一个享受或享用或获取的问题，具体表现为实物的或货币收入的享有或劳务的直接享用或其他方面的满足，回答的是"产权主体必须和能够得到什么"。

本的权能一面，从而低估了资本成本的重要作用。①

2.2.4.4 资本成本产权是对投资者利益进一步的明确和保护

资本成本产权的确定，使投资者的利益得到了进一步的明确和保护。"在其他情况不变时，任何物品的交换价值都取决于交易中所包含的产权束。例如，如果一个人对一幢房屋的产权束中包含在它附近的煤气站、化工厂的权利，那么这幢房屋对它的价值就较大。"显然，在投资者产权中明确提出包括资本成本后，其对于投资者的价值比忽视资本成本时更大，对投资者利益的保护力度自然也就更强。

---

① 这也是本书在资本成本的研究中引入产权理论的原因所在。

第3章 资本资产定价模型估算的资本成本是历史收益率

1990 年的诺贝尔经济学奖授予三位美国经济学家：哈里·马可维茨（Harry Markowitz）、默顿·米勒（Merton Miller）和威廉·夏普（William Sharpe）以表彰他们在金融经济学的开拓性贡献。其中，马科维茨的主要贡献是构建了投资组合管理的微观理论，威廉·夏普的主要贡献是构建了资本资产定价模型（CAPM）。1964 年夏普在 The Journal of Finance 发表的论文《资本资产价格：风险条件下的市场均衡理论》标志着 CAPM 理论的建立。按照这一理论，在所有投资者都采用马科维茨理论，且市场不存在任何摩擦及交易成本等一系列假设下，股票的预期收益率或者股权资本成本与股票的风险水平 β 系数之间存在正相关关系。这一理论简化了风险资产均衡价格的定价理论，增强了均值方差模型在现实中的适用，成为现代金融学理论的基础。

3.1 股权资本成本的估算

资本成本主要包括债权资本成本和股权资本成本。由于本书的研究主题是资本成本与资本市场功能，因此后面的资本成本均指企业的股权资本成本，不涉及企业债务资本成本。

由于普通股的股利是不固定的，即未来现金流出是不确定的，因而很难准确估计出普通股的资本成本。常用的股权资本成本估计的方法有：贴现现金流模型、资本资产定价模型和债券收益率加风险报酬率。

3.1.1 贴现现金流模型

在公司财务理论中，贴现现金流模型（discounted cash flow model，DCF）

是公司估值的理论基础。依据该模型，股票价格等于期望股息的贴现值，即：

$$P_0 = \sum_{t=1}^{\infty} \frac{D_t}{(1+r)^t}$$

其中，P_0 为每股现价；D_t 为时期 t 的期望股息；r 为股权资本成本。因为股票的现价是可以被实际观察的，所以只要我们能够准确预测未来股息，股权资本成本就可以被推算出来。

贴现现金流模型有多种形式。单阶段贴现现金流模型适合红利稳定、收益增长缓慢的公司。其中，增长率估计很关键和敏感，颇具主观色彩，往往是一个区间。多阶段贴现现金流模型计算过于复杂，选取的阶段、每阶段的时间长度依赖专业分析员的经验。

3.1.2 资本资产定价模型（CAPM）

在金融经济学中，一个被广泛接受的股权资本成本估计模型为资本资产定价模型（CAPM）。根据该模型，股权资本成本（或预期收益率）由股票的系统风险所决定，公式为：

$$r = E(R_i) = R_f + \beta_i \times (E(R_m) - R_f)$$

其中，$E(R_i)$ 指证券 i 的预期收益率，也即等于普通股的资本成本；R_f 指无风险利率；β_i 指证券 i 的市场风险系数，它度量公司股权收益率对市场收益率的敏感性；$E(R_m) - R_f$ 指市场风险溢价。

这一方法的内容可以简单表述为：普通股票的预期收益率等于无风险利率加上风险补偿（或称风险溢价）。理论上，这些组成部分中的每一个变量都必须是前瞻性的估计。

可以用一个简单的例子来看资本资产定价模型在实践中是如何计算股权资本成本的。

已知某股票的 β 系数为 1.5，市场报酬率为 10%，无风险报酬率为 6%，则该股票的资本成本率测算为多少？

解：r = 6% + 1.5 × (10% − 6%) = 12%

虽然实证检验结果对该模型的评价褒贬不一，但迄今为止，在估计股权成本时，资本资产定价模型的应用却最为广泛。

3.1.3　债券收益率加风险报酬率

$$r = 长期债券利率 + 风险溢价$$

普通股必须提供给股东比同一公司的债券持有人更高的期望收益率，因为股东承担了更多的风险。因此可以在长期债券利率的基础上加上股票的风险溢价来计算股权资本成本。

除此之外，股权成本的估算模型还有动态模型（如 GARCH 模型）和风险因素加成法等。各种动态模型存在着十分严重的实际操作方面的困难。尽管在理论上得到了深入的发展，但是，在估计股权资本成本方面，它们很少被使用。而债券收益率加风险报酬率的方法简单易用，但由于缺乏统一客观的尺度，很大程度上依赖于专业分析者的经验判断。

3.2　资本资产定价模型的推导

本节对于资本资产定价模型的推导过程引用了张亦春、郑振龙主编的《金融市场学》（高等教育出版社，第 2 版）第八章第三节的相关内容。

按照证券组合标准差的计算公式，我们可以计算出市场组合标准差为：

$$\sigma_M = \Big[\sum_{i=1}^{n} \sum_{j=1}^{n} X_{iM} X_{jM} \sigma_{ij} \Big]^{1/2} \tag{3.1}$$

其中，X_{iM} 和 X_{jM} 分别表示证券 i 和 j 在市场组合中的比例。式（3.1）可以展开为：

$$\sigma_M = \Big[X_{1M} \sum_{j=1}^{n} X_{jM} \sigma_{1j} + X_{2M} \sum_{j=1}^{n} X_{jM} \sigma_{2j} + X_{3M} \sum_{j=1}^{n} X_{jM} \sigma_{3j} + \cdots + X_{NM} \sum_{j=1}^{n} X_{jM} \sigma_{nj} \Big]^{1/2} \tag{3.2}$$

根据协方差的性质可知，证券 i 跟市场组合的协方差（σ_{iM}）等于证券 i 跟市场组合中每种证券协方差的加权平均数：

$$\sigma_{iM} = \sum_{j=1}^{n} X_{jM} \sigma_{ij} \tag{3.3}$$

如果我们把协方差的这个性质运用到市场组合中的每一个风险证券，并代入式（3.2），可得：

$$\sigma_M = [\, X_{1M}\sigma_{1M} + X_{2M}\sigma_{2M} + X_{3M}\sigma_{3M} + \cdots + X_{nM}\sigma_{nM} \,]^{1/2} \qquad (3.4)$$

其中，σ_{1M} 表示证券 1 与市场组合的协方差；σ_{2M} 表示证券 2 与市场组合的协方差，依次类推。式（3.2）表明，市场组合的标准差等于所有证券与市场组合协方差的加权平均数的平方根，其权数等于各种证券在市场组合中的比例。

由此可见，在考虑市场组合风险时，重要的不是各种证券自身的整体风险，而是其与市场组合的协方差。这就是说，自身风险较高的证券，并不意味着其预期收益率也应较高；同样，自身风险较低的证券，也并不意味着其预期收益率也就较低。单个证券的预期收益率水平应取决于其与市场组合的协方差。

由此我们可以得出以下结论：具有较大 σ_{iM} 值的证券必须按比例提供较大的预期收益率以吸引投资者。由于市场组合的预期收益率和标准差分别是各种证券预期收益和各种证券与市场组合的协方差（σ_{iM}）的加权平均数，其权数均等于各种证券在市场组合中的比例，因此，如果某种证券的预期收益率相对于其 σ_{iM} 值太低的话，投资者只要把这种证券从其投资组合中剔除就可提高其投资组合的预期收益率，从而导致证券市场失衡。同样，如果某种证券的预期收益率相对于其 σ_{iM} 值太高的话，投资者只要增持这种证券就可提高其投资组合的预期收益率，从而也将导致证券市场失衡。在均衡状态下，单个证券风险和收益的关系可以写为：

$$\overline{R}_i = R_f + \left(\frac{\overline{R}_M - R_f}{\sigma_M^2} \right) \sigma_{iM} \qquad (3.5)$$

式（3.3）所表达的就是著名的证券市场线（security market line）[①]，它反映了单个证券与市场组合的协方差和其预期收益率之间的均衡关系，如果我们以 $\overline{R}_i$ 为纵坐标，以 σ_{iM} 为横坐标，则证券市场线在图上就是一条截距为 R_f、斜率为 $[\,(\overline{R}_M - R_f)/\sigma_M^2\,]$ 的直线。

---

① 证券市场线的详细推导过程请详见：Sharpe, William F, Gordon J. Alexander and Jeffery V. Bailey, Investments, 5th edition [M]. Prentice-Hall International, Inc., 1995.

从式（3.5）可以发现，对于 σ_{iM} 等于 0 的风险证券而言，其预期收益率应等于无风险利率，因为这个风险证券跟无风险证券一样，对市场组合的风险没有任何影响。更有趣的是，当某种证券的 $\sigma_{iM} < 0$ 时，该证券的预期收益率甚至将低于 R_f。

把式（3.2）代入式（3.5），我们有：

$$\overline{R}_i = R_f + (\overline{R}_M - R_f)\beta_{iM} \qquad (3.6)$$

其中，β_{iM} 称为证券 i 的 β 系数，它是表示证券 i 与市场组合协方差的另一种方式。

β 系数的估计是 CAPM 模型实际运用时最为重要的环节之一。在实际运用中，人们常用单因素模型来估计 β 系数。单因素模型[①]一般可以表示为：

$$R_{it} = \alpha_i + \beta_i R_{mt} + \varepsilon_{it} \qquad (3.7)$$

其中，R_{it} 为证券 i 在 t 时刻的实际收益率；R_{mt} 为市场指数在 t 时刻的收益率；α_i 为截距项；β_i 为证券 i 收益率变化对市场指数收益率变化的敏感度指标，它衡量的是系统性风险，ε_{it} 为随机误差项，该随机误差项的期望值为零。式（3.7）也常被称为市场模型。

虽然从严格意义上讲，资本资产定价模型中的 β 系数和单因素模型中的 β 系数是有区别的，前者相对于整个市场组合而言，而后者相对于某个市场指数而言，但是在实际操作中，由于我们不能确切知道市场组合的构成，所以一般用市场指数来代替，因此，我们可以用单因素模型测算的 β 系数来代替资本资产定价模型中的 β 系数。另外，CAPM 模型中的 β 系数是预期值，而我们无法知道投资者的预测值是多少，我们只能根据历史数据估计过去一段样本期内的 β 系数（这两个模型都是单变量线性模型，都可用最小二乘法确定模型中的参数），并把它当作预测值使用。

3.3　预期的 β 系数与实践中使用历史数据回归的 β 系数完全不同

资本资产定价模型（CAPM）的主要功能，是预测股票的预期收益率或

---

① 也有一些人用超额收益率而不用总收益率。所谓超额收益率就是总收益率超过无风险利率的部分。

者股权资本成本。预期收益率或者股权资本成本包含三个部分：首先，股票的预期报酬至少要等于无风险资产；其次，股票市场整体的报酬率相对无风险利率应该存在某个风险溢价；最后，个别股票的 β 系数（即个别票的波动性相对整个投资组合的波动性程度）将会决定该股票的预期收益率相对于整个市场预期收益率的差额。现代金融学理论认为，具有高 β 系数的股票在上涨的市场中能较市场组合取得更大的涨幅，而在下跌的市场中，跌幅也会更大。因为波动性更大，具有高 β 系数的股票的风险被认为高于低 β 系数股票。

必须注意的是，在资本资产定价模型中，"β 系数"一词有两个不同的含义：一是事后的（ex-post）或者已实现的 β 系数，这是实际的、通过历史数据回归得到的 β 系数；二是事前的（ex-ante）或者预期的 β 系数，这是一个前瞻性的 β 系数，即预期未来的 β 系数。按照资本资产定价模型，预期收益率或者股权资本成本是由预期的 β 系数决定的。那么未来预期的 β 系数应该如何确定呢？今天的金融学和财务学理论都异口同声地采用线性回归的方法确定一个历史 β 系数，然后告诉读者，可以将这个历史 β 系数视为预期 β 系数、进而用它来计算预期收益率或者股权资本成本。这种令人生疑的线性外推做法是怎样在大名鼎鼎的获得诺贝尔经济学奖的现代金融理论中占有一席之地的呢？本书对其产生的脉络演进做一个简单梳理。

3.3.1 资本资产定价模型创始人威廉·夏普对 β 系数的认识

威廉·夏普对于资本资产定价模型的标志性贡献于 1964 年在《金融》杂志上发表，此后于 1970 年出版了《证券投资理论和资本市场》一书，系统总结了他在这些领域中的规范和实证研究。在书中，他提到"证券组合理论和资本市场理论都涉及关于未来的预测。但经验性的研究工作必须与过去打交道。这两者如何才能联系起来呢"？

资本资产定价模型中 β 系数是一个预期的值，但是在 20 世纪 60 年代对其进行预测是一个十分困难的问题。威廉·夏普不得不采取一个变通的办法："可以参考过去的记录，因为过去的易变度似乎有助于预测未来波动性易变度（即风险）""现在作出的预测又是什么呢？或许人们假设将来会像过去一样。如果他们没有这样做，那么或许他们应该这样做""建立在过去关系基础上的预测可以同用更传统的方法（如证券分析）得到的预测相媲美。使用这种方法的规范性算法可被检验。照例还是要考虑一种组合——证券组合理论加上将来与过去相似的假设。"① 这里，我们看到，威廉·夏普还是十分清醒的，认为使用线性回归的方法计算 β 系数必须"加上将来与过去相似的假设"。

在书中第 189 页，威廉·夏普更是直接表明了他的态度，"要得到预测，你可以直截了当地假设未来与过去无异，历史值（如平均收益、可变度、实际相关关系、实际易变度）即可直接应用（作为期望收益、收益的标准差，相关关系，以及易变度）。无须说，这种方法是建立在大胆设基础上的，不管这些假设是否明确。所依据的过程（如分布）必须长时期稳定，而且历史记录也必须真实地反映过程的基本性质"。这句话是我们理解资本资产定价模型错误估算 β 系数的关键。在他眼里，未来的一切变量都可以通过假设未来与过去无异而直接采用历史变量。

事实上，作为资本资产定价模型的创始人，威廉·夏普十分清楚过去的 β 系数并不一定等同于预期的 β 系数："在估计未来的风险时，过去的易变度有多大作用？如果某个公司经常变动其经营活动和/或其财务责任，过去的易变度可能使人误入歧途。"对此，他有时不得不寄希望于"另一方面，为减少投资者定期变换持有证券的需要，公司经理非常可能力求避免证券的易变度发生大的变化"。②

即使知道在很多情况下历史回归的 β 系数其效果并不令人满意，"究竟是什么使得未来不同于过去？是偶然事件（'提取存款'的不寻常事件的集合）或管理政策的变化。举一个后者的例子，某公司最近实行产品多样化，有意识地上较少受经济波动影响的新项目；过去的收益率的可变度和易变度都不太可能令人满意地预示未来的前景"，威廉·夏普依然坚持使用历史数据回归 β 系数，书中给出了那个时代合理的解释：与在此之前混乱无序的投资策略相比，这种方法毕竟是一个次优解："使用历史数据的证券组合分析至少干得比随机选取的证券组合或互助基全要好""（与掷飞镖选股相比），要得到适合某位投资者的有效证券组合，就必须知道一些有关易变度和（或）期望收益的想法。为此目的，过去的记录就可能证明确实是非常有用的。"③

①②③　威廉·夏普. 证券投资理论与资本市场［M］. 霍小虎，等，译. 北京：中国经济出版社，1992.

3.3.2 《投资革命：源自象牙塔的华尔街理论》一书对 β 系数的评价

作为资本市场的"老兵"——《投资组合管理期刊》的创办者兼首任编辑，彼得·伯恩斯坦见证了现代金融市场经典理论的成长过程。1990 年诺贝尔经济学奖授予马科维兹、威廉·夏普等后，他于 1992 年出版了《投资革命：源自象牙塔的华尔街理论》一书。在书中他告诉我们，席卷整个资本市场的革命性理论并非源自华尔街的高楼大厦之间，也不是由职业投资者所发明，而是由一批象牙塔中的学者以抽象方式进行财务分析研究所创立，他们是巴契里耶、马可维兹，威廉·夏普，法马、萨缪尔森，等等。伯恩斯坦分别介绍了他们对现代金融理论所做的突破性贡献。

伯恩斯坦是这样描述资本资产定价模型的："这个模型相当简单，而且和格雷厄姆所建立的传统分析典范及资产负债表、损益表分析，有极大的差异；然而，这个模型的逻辑是无懈可击的。"他还引用了莫顿米勒在 1971 年的评价："这真是一项奇迹，把这么高度复杂的问题简化到最单纯的情况，即通过某个单一因素就足以解释在波动中有意义的部分。"伯恩斯坦对资本资产定价模型的批评是："虽然 CAPM 的解释能力很强，但却缺乏实际性，因为这个模型是建立在完全无摩擦与完全竞争的市场假设之下。"[①]

在提到资本资产定价模型中的 β 系数时，伯恩斯坦认为，"计算 β 值是个简单的过程"。同时他又承认："在 CAPM 的原始观念中，只是探讨投资人在某个特定时点的行动模式，而不是在连续时间中的行动模式。如果基本经济条件改变，CAPM 就毫无用处，换句话说，在持续变动的世界中，CAPM 的贝塔值预测就变得相当不可靠。"解决办法是把单一期间模型转换成更为有效的模型。其他的金融学家为此做了很多努力。例如，莫顿的"跨期模型"克服了单一期间的问题，而"多因素模型"除了市场因素外，更引进其他可能产生影响的变量。伯恩斯坦认为："这些更精密、更复杂的方法，使得贝塔值的观念更趋稳固，其预测效率也更具可信度。"[②]

但是我们发现这些"改进"了的模型，依旧是换汤不换药：它们还是基于对历史数据回归的方法衡量股票的预期收益率，只不过是把单一历史期限

---

①② 彼得·伯恩斯坦. 投资革命：源自象牙塔的华尔街理论 [M]. 李繁康，等，译. 上海：上海远东出版社，2001.

换成跨期期限，把对单一因素进行回归换成对多因素进行回归。这样的话，"如果（未来的）基本经济条件改变"，那么用回归计算的方式运用 CAPM 仍然是错误的。

3.3.3　《新帕尔格雷夫货币金融大辞典》对于估算 β 系数的介绍

于 1992 年出版的著名的《新帕尔格雷夫货币金融大辞典》中，同样承认"估计系统风险是困难的，因为每项投资的系统风险是以两个观察不到的变量——项投资的预期回报和市场证券组合的预期回报的协方差为基础"。在具体估算时可以"假设随着时间推移而有一种稳定的关系，一项投资的预期回报和市场证券组合的预期回报之间的协方差，可以使用最近的实际回报来估计。要这样做，将该项投资的历史回报向市场证券组合的历史回报回归，得出的斜率系数是该企业的 β 或系统风险的估计"。为了弥补缺陷，作者提出"在选择作估计的时期时，较长的估计时间间隔提供较多的观察，它增加结果的统计有效性"。[①]

由此可见，《新帕尔格雷夫货币金融大辞典》也是主张用历史数据回归的方法进行线性外推获得 β 系数。

3.3.4　兹维·博迪《投资学》中对 β 系数的介绍

兹维·博迪的《投资学》是美国许多商学院和管理学院关于投资学或投资理论的首选教材，在世界各国有着很大影响。被译为中文以来，该书同样被我国高校经济与管理类专业广泛采用。

作者对于 β 系数的估算是这样认识的：

从过去的数据估算出的 β 系数不可能是对未来 β 系数的最佳结果：β 系数似乎随时间的变化趋向于 1。这表明我们可能需要一个对 β 系数的预测模型。

一个简单的方法是收集不同时期的数据，然后估计以下的回归等式：[②]

$$现在的 β = a + b(过去的 β)$$

给定 a 和 b 的估计值，我们就可以利用以下等式来预测未来的 β 系数：

---

① 新帕尔格雷夫货币金融大辞典［M］. 北京：经济科学出版社，2000.

② 兹维·博迪，等. 投资学（原书第 5 版）［M］. 朱宝宪，译. 北京：机械工业出版社，2000.

未来的 $\beta = a + b$(现在的 β)

此外，书中还具体给出了回归计算 β 系数的方法：在线学习中心（www. mhhe. com/bkm）上可找到包括十只个股 60 个月的收益率情况的 β 系数电子数据表格。其收益率是依据到 2000 年 12 月前 5 年的数据计算出来的。电子数据表还包括了标准普尔 500 指数的收益率以及以一年期国库券为标准记录下来的无风险利率。运用这些数据，可以在 Excel 上运用回归模型分析个股每月超额收益和由标准普尔 500 代表的市场收益之间的关系。表中显示了一个回归结果的例子，其中估算的美国运通（American Express）的 β 系数是 1. 21。[①]

3.3.5　美国大型优秀企业对 β 系数的认识[②]

1998 年美国学者罗伯特·F. 布鲁纳（Robert F. Bruner）等在 *Financial Practice & Education* 期刊上发表了《估算资本成本的最佳实践：调查与综述》一文。文章针对精选的优秀公司和财务顾问，抽样调查那些在该领域处于领先地位的从业者是如何估算资本成本的。

论文根据一份研究报告"创建世界级财务管理：50 家领先企业的战略"（1992 年），确定了样本公司。从研究报告中确定的 50 家公司中，淘汰了 18 家总部位于北美以外的公司。另外 5 家公司拒绝接受采访，留下了 27 家公司的样本。

估计调查结果，资本资产定价模型（CAPM）是估算股权资本成本的主要模型。另有少数公司提到了其他多因素资产定价模型（如套利定价理论）。

文章提到，根据 CAPM，那么，公司的股权资本成本取决于三个组成部分。无风险债券的回报率（Rf）、股票的 β，以及吸引投资者持有风险资产所需的市场风险溢价（Rm – Rf）。文章特别提到，在理论上，这三者中的每一个都必须是前瞻性的估计。但是调查结果显示，由于前瞻性的 β 是不可观察的，所以从业者被迫依赖各种代理。大多数情况下，这涉及使用源自历史数据的 β 估计值，并由 Bloomberg，Value Line 和 Standard & Poor's 等来源发布。

被调查企业通常的方法是将 β 估计为 CAPM 的斜率系数。"使用该方法

---

① 兹维·博迪，等. 投资学（原书第 5 版）[M]. 朱宝宪，译. 北京：机械工业出版社，2000.

② Bruner R F, Eades K M, Harris R S, et al. Best Practices in Estimating the Cost of Capital：Survey and Synthesis [J]. Financial Practice & Education, 1998 (23)：15 – 33.

来估计 β 还需要一些实际的调整，每个调整都会对结果产生重大影响。例如，增加估计中使用的时间段的数量可以提高估计的统计可靠性，但是存在包含陈旧的无关信息的风险。同样，将观察周期从每月缩短到每周，甚至每天，都会增加样本的大小，但可能会产生非正态分布的观测结果，并可能引入不必要的随机噪声"。

样本中超过一半的公司依靠已发布的来源进行 β 估算，尽管有 30% 的公司自己计算。在财务顾问中，40% 依赖于已发布的资源，20% 依赖于自己的资源，另有 40% 使用所谓的 "基本" β 估算。这些估计使用多因素统计模型，利用公司和行业风险的基本指数来估计公司的 "beta"。最著名的基本 β 估计提供商是 BARRA 咨询公司。

问卷询问样本公司："您使用什么作为您的波动率或 beta 因子？"回复有以下四种。

"我们使用由 Bloomberg 报告的调整后的 β。有时，我们的股票极不稳定。如果在特定时间该因素被认为是不合理的高，我们倾向于使用更低（更一致）的因素"。

"我们从观察到的 60 个月的股票与市场之间的协方差开始。我们还考虑 Value Line，BARRA，S & P β 进行比较，并可能调整观察到的 β 以匹配未来风险评估"。

"我们对美林证券和 Value Line 的数据进行平均，并使用彭博作为检验"。

"我们不直接在我们的股票上使用贝塔估计。我们的公司 β 是我们业务部门 β 的加权平均值"。

从该文可以看出，至少在 1998 年，美国优秀企业都知道 β 和资本成本应该是前瞻性的变量，但在估算资本成本时还是基本使用历史数据回归 β 的方法，只不过有时会做一些调整。

即使作者发出"历史真的能线性外推吗？"的疑问，他们也只能自嘲地总结："在需要的时候，即使是钝刀也比没有好。"

3.3.6 国内学术界对 β 系数的认识

国内学术界对 β 系数研究较为深入，且流传广泛的当属沈越火的《β 系数影响因素的分析》一文，文章主要观点如下。

β 系数应该是能代表未来的 β 系数。但我们计算 β 系数通常只能利用历史数据，但所采用历史数据的时段是长一些还是短一些好呢？采用数据的时段越长，β 系数的方差将能得到改善，其稳定性可能会提高，但时段过长，由于企业经营的变化、市场的变化、技术的更新、竞争力的变迁、企业间的兼并与收购行为以及证券市场特征的变化等都有可能影响 β 系数的计算结果。一般认为，最佳的计算时段为 4～6 年。

证券收益率的单位时段可以按日、按周、按月计算。计算单位时段长短不同，可能会对 β 系数产生影响。

在计算 β 系数的时段内，当作为市场平均收益率的证券指数的样本中发放红利的证券所占比例较大时，则发放红利的资产的 β 系数的计算结果受红利发放的影响则比较小；反之，对于长期不发放红利的资产证券，所受影响会很大。

我国学者吴世农等研究了 1996～2001 年我国上市公司的公司规模、财务杠杆、经营杠杆、股利支付率、盈利变动性、流动比率、总资产增长率、主营收入增长率、主营业务利润率、资本收益率、资本收益增长率 11 个会计变量与 β 系数之间的相关关系。得出的结论是，β 系数总体上与这些会计变量之间相关程度不高，相关检验的显著性不强。

宏观经济因素如经济周期、利率、通货膨胀率等对 β 系数的影响，尚需深入研究。①

此外，2019 年注册会计师考试《2019 年注册会计师全国统一考试辅导教材》里也指出：β 系数的驱动因素很多，但关键的因素有：经营杠杆、财务杠杆。如果公司在这两个方面没有显著改变，则可以用历史的 β 系数估计权益成本。但是这种认识依然不够全面，影响 β 系数的驱动因素至少还应该包括企业所处的生命周期以及所在行业的行业周期。在现实世界中这些因素很难保持稳定不变。

从上述内容来看，迄今为止国内学术界仍然没有摆脱欧美国家对于 β 系数线性外推计算方法的局限性。这些国内外有关 β 系数的观点都试图告诉我们：股票的历史价格信息，而不是公司具体的基本面或者经济政策，可以决定股票的预期收益率。

令人遗憾的是，这样一种用反映过去价格波动的历史数字来描述某种股

票未来风险的想法是无法令人信服的。

3.4　华尔街基金经理对于 β 系数的批评

在资本资产定价模型提出之前，华尔街的基金经理信奉的是 1942 年威廉姆斯提出的现金流量贴现模型。巴菲特认为，这是唯一正确的内在价值评估模型："在写于 50 年前的《投资价值理论》中，约翰·伯尔·威廉姆斯提出了价值计算的数学公式，这里我们将其概括为：今天任何股票、债券或公司的价值，取决于在其资产的整个剩余使用寿命期间预期能够产生的、以适当的利率贴现的现金流入和流出。"

因此，当威廉·夏普提出资本资产定价模型后，特别是用历史数据回归得出 β 系数的做法与威廉姆斯的现金流量贴现模型格格不入，遭到了华尔街的基金经理的抵触。"β 值的观念引起专业投资组合经理人注意之初，他们的反应是困惑，然后觉得厌恶、愤怒，最终是全然质疑。他们觉得，和判断某个资产相对市场波动性相较，用较高风险抵换更高报酬的做法，似乎更复杂、更微妙，且更直觉"。

1971 年 9 月《机构投资人》刊出一篇《β 值：学习与风险共存》的文章。文中指出，多数实务界人士认为，β 值是一个难解的谜、一种威胁，或是一种策略手段；而接受 β 值最大的障碍是"存在于知识分子与普通大众之间巨大的教育鸿沟"。

1971 年上半年度表现最佳的共同基金经理人，坦承自己从未听过 β 值。一位保德信人寿负责投资普通股的副总经理则咆哮道："我对风险的定义，就是让投资人在晚上睡不着觉。"另一位任职博思管理顾问公司的资深经济学家则宣称："拥有数学和电脑背景的学者……认为他们能够精确地定义风险水准到达小数点第五、第六位，这根本就是一场骗局……β 值终究是风行一时的小花招罢了……我们应该把这些骗子赶出我们的神圣殿堂"。①

1984 年巴菲特在哥伦比亚大学的投资课上给"A +"的最优秀的学生进

---

① 彼得·伯恩斯坦. 投资革命：源自象牙塔的华尔街理论［M］. 李繁康，等，译. 上海：上海远东出版社，2001.

行了一次演讲，在他演讲中回顾了 50 年来价值投资策略持续战胜市场的无可争议的事实，总结归纳出价值投资策略的精髓。在演讲中他同样不接受用历史数据回归得出 β 系数的做法："在 1973 年，华盛顿邮报公司的总市值为 8000 万美元。在这一天，你可以将其资产卖给十位买家之一，而且价格不低于 4 亿美元，甚至还能更高。该公司拥有华盛顿邮报、商业周刊以及数家重要的电视台。这些资产目前价值为 4 亿美元，因此愿意支付 4 亿美元的买家并非疯子。现在，如果股价继续下跌，该企业的市值从 8000 万美元跌到 4000 万美元，其（历史数据回归的）β 系数也上升。对于用 β 值衡量风险的人来说，更低的价格使它变得更有风险。这真是仙境中的爱丽丝。我永远无法了解，用 4000 万美元，而非 8000 万美元购买价值 4 亿美元的资产，其风险竟然更高。事实上，如果你买进一堆这样的证券，而且稍微了解所谓的企业评价，则用 8000 万美元的价格买进 4 亿美元的资产，这笔交易基本上没有风险"。[①]

可见，资本资产定价模型告诉我们，一方面在理论上股票的预期收益率取决于未来预期的 β 系数；另一方面在实践中却试图用以往的 β 系数充当预期的 β 系数。但是在资本市场实践中，真实情况就是股票价格以往的波动性无法对未来的投资表现（或者甚至是未来的波动）给出可信赖的预期，因此，过去的 β 系数是一个糟糕的衡量风险的指标。

3.5 用历史数据回归 β 系数的思维根源在于机械决定论

时至今日，在全世界的金融学界和财务学界，普遍采用历史数据回归的 β 系数代替预期的 β 系数，事实上，真正的预期 β 系数是由企业的未来经营前景所决定的。但是，全世界所有的金融学教科书都认为回归出历史 β 系数就大功告成。它们告诉投资者，用历史 β 系数代替预期 β 系数就可以计算预期收益率了。至于真正的预期 β 系数是如何决定的，预期 β 系数和历史回归出来的 β 系数有多大的偏差，根本就无人过问。这种错误的线性外推思维源

---

① 《双语名人演讲稿：巴菲特在哥伦比亚大学的讲稿（语）》，http：//www.kekenet.com/kouyi/66180_3.shtml.

于经济学理论所采用的机械决定论思维，在理论上是荒诞的，在实践中则是有害的。虽然基于经济现象的变化方向或趋势的线性外推是一种常见的预期方式，但这往往与非线性变化的现实情况因差之毫厘而谬以千里。可以说，过度的线性外推，是资本市场中最危险的事情。

机械决定论思维可以追溯到牛顿时代。

1687 年，牛顿出版了他的名著《自然哲学的数学原理》，这是人类发展史上具有划时代意义的重大事件。牛顿力学和万有引力定律是第一次工业革命中动力学发展的基础，这一革命为欧洲由农业社会向工业社会跃迁奠定了理论基础，对日后的科学发展产生了巨大的影响，成为所有近代科学的基础。

从逻辑形式上看，牛顿所建立的力学模式是一个机械决定论的线性思维模式。牛顿第一定律认为，任何一个物体在不受外力或受平衡力的作用时，总是保持静止状态或匀速直线运动状态，直到有作用在它上面的外力迫使它改变这种状态为止。牛顿第二定律认为，物体的加速度跟物体所受的合外力成正比，跟物体的质量成反比，加速度的方向跟合外力的方向相同。牛顿第三定律认为，两个物体之间的作用力和反作用力，在同一直线上，大小相等，方向相反。牛顿三大定律结合起来，就形成了一个完整的机械决定论世界观和方法论。在物理学的表率下，这种机械决定论观点和线性因果在各种不同的科学领域几乎都获得了巨大的成功，取得了令人叹为观止的辉煌成就。[①]

自然科学的巨大成功，在社会科学领域树立了一个样板，社会学科各个领域都努力模仿自然科学及其方法进行研究。在相当长的时间里，所有人都认为，只有这样，才是科学的研究方法。新古典经济学的产生和发展采用机械决定论的思维方式自然也就不足为奇了。

新古典经济学的崛起源于由穆勒的《政治经济学原理》（1848 年）教科书培养起来的一代经济学家发动的"边际革命"。他们把机械力学的均衡原

[①] 牛顿力学认为，一个系统的初始条件一旦简单的确定后，此后的运动都是必然确定的了，它可以不考虑初始条件的复杂性和随机性。在此基础上，机械决定论者认为，一切现象在本质上都是力学现象，人和动物都是按力学规律的机制组合起来的机器。这一思想承认了自然规律的客观性，反对了上帝造世说，因而在人类发展史上发挥过重大作用。但是，机械决定论只承认必然性，否认偶然性；只承认客观规律性，否认人的主观能动性；视机械运动为唯一的因果关系而不懂得因果联系的多样性、复杂性，认为世界上的一切现象都是由必然的原因决定的。18 世纪中叶后康德在《自然通史和天体论》中批判了这种观点。19 世纪以后，随着自然科学的发展和辩证唯物主义的出现机械决定论开始走向衰亡。

理和数理逻辑引入经济分析，从而建立了一套比较严密的公理化逻辑分析体系。瓦尔拉斯认为："这种经济学纯理论是在所有方面都类似于物理—数学科学的一种科学"（《纯粹经济学要义》，商务印书馆，1985 年）。它是按照牛顿所创立的古典力学的方法建立起来的（杰文斯：《政治经济学理论》，商务印书馆，1984 年）①。在新古典经济学理论中，一切变化均产生于既定的社会结构中，因而该理论"在本质上是机械式的或牛顿式的"（参见拉齐斯基《制度动力学、决定论的混沌及自组织系统》，收于理查德·H. 戴等所著的《混沌经济学》一书，上海译文出版社，1996 年。将新古典经济学与牛顿经典力学进行对比并非仅是一种文学饰词，而有其实在的理论渊源和方法论基础。诚如米罗斯基（Mirowski）所说，"人们越是深入地挖掘，就愈益明白新古典经济学模仿物理学不是随意的或表面的，它的模式大都是逐个术语逐个符号地仿照物理学的说法"。新古典经济学的完全理性假定、非凸设定等基本假定无不投射出牛顿经典物理学的影子；而其获得主流的地位则部分归因于其与能量物理学概念相黏合而取得的"科学"地位。新古典经济学与经典力学之所以联系紧密，关键在其方法论上的一致）②。

　　诺贝尔奖奖金获得者默顿·米勒认为，"现代金融学"形成于1950 年前后。他指出其发展里程都是与诺贝尔奖连在一起的。主要包括：马科维茨（获 1990 年诺贝尔奖）的资产组合选择理论；威廉·夏普（获 1990 年诺贝尔奖）的资本资产定价模型；有效市场假说，默顿·米勒认为这一理论也应授予诺贝尔奖；莫迪利亚尼—米勒（获 1990 年诺贝尔奖）定理，即 MM 定理；布莱克—斯科尔斯—默顿的期权定价公式。基于上面的逻辑传承，现代金融学在发展道路上自然就会模仿新古典经济学，把微观的企业投融资问题视为客观的物理问题，并模仿牛顿力学的方法加以研究。20 世纪 50 年代，试图用数理逻辑解决投资难题的马克维茨资产组合理论诞生了，之后引领了现代金融理论的研究方法与研究风格。

　　由于现代金融学脱胎于新古典经济学，马克维茨开创的现代金融理论研究所采用的研究范式，必然是一个牛顿机械决定论的线性思维范式。首先，20 世纪 50 年代，系统论、复杂科学、非线性理论尚未诞生，马克维茨等也不可能接受过辩证唯物主义的哲学思想，传统的机械决定论观念在

① 樊苗江，柳欣. 货币理论的发展与重建［M］. 北京：人民出版社，2006.
② 许文彬. 经济学中的达尔文主义：背离与复归［J］. 南开经济研究，2004（4）.

他们的头脑中已根深蒂固，出于"惯性"的历史局限，他们已经习惯于线性因果关系的思维方式。其次，采用数学方法处理历史股价数据要比研究企业未来实际经营情况更加快捷和简便，而且，得出的理论模型也符合人们对于数学精确化的偏好。所以我们看到，从马克维茨开始，现代金融理论始终采取的是机械决定论的线性思维模式，其特点是只重视金融市场的历史数据，忽视企业未来经营的变化。CAPM 模型中用历史数据回归 β 系数就是一个典型的例子。

需要指出的是，物理学本身是在不断完善和发展的。20 世纪初，相对论和量子力学标志着现代物理学的第一次革命，使现代科学突破了牛顿力学机械决定论和线性范式的束缚。自 20 世纪 70 年代以来，以混沌理论为核心、以复杂系统为对象的非线性动力学的问世，是继相对论、量子力学之后的又一次科学革命，标志着科学正在走向成熟。非线性动力学体系主要研究开放的、具有能动性的系统，它抛弃了机械决定论的观点，彻底转变为辩证决定论，认为辩证决定论才能摆脱封闭系统和线性关系的思维模式，才能更深刻、更辩证地反映了事物未来的本质。① 但是在现代物理学之外的很多社会科学领域，人们的思维仍然停留在机械决定论和线性思维的巨大惯性中。线性因果的关系依旧是人们在进行经济领域研究时潜意识中的判断标准，即使诺贝尔奖得主也不例外。现代金融理论就是一个典型代表。

事实上，资本市场里绝大多数经济系统都是纷繁复杂的非线性关系，我们不能满足于所看到的线性表象，而是要努力掌握其背后非线性且动态的相互作用。在资本市场研究中，机械决定论的线性思维模式已经远远不能适应高度竞争化的投融资活动。它把人的活动与机器的运动等同起来，忽视了经济学本是描述人类行为、而人的行为则是非线性的、复杂的这一客观事实。这一客观事实就需要我们研究经济和金融系统内部的各种联系与规律。只有这样才能把握企业未来经营的脉搏进而找到企业预期收益率的决定因素。但是在现代金融理论这里，它视而不见上市公司高度智能化的内在经济活动带来的主观性和不确定性，简单地用牛顿机械决定论把上市公司股价当成完全客观的客体来对待和研究。当需要使用未来的预期 β 系数时，它就试图用所谓"企业经营的其他情况不变"的假设来回归历史数据以敷衍过关。事实上，"企业经营的其他情况不变"只是偶然，而"企业经营的其他情况变化"

---

① 昌忠泽. 非线性动力学在宏观经济学领域中的运用 [J]. 经济研究，2006（9）.

才是常态。因此，研究预期 β 系数需要我们从非线性整体思维入手，通过对系统的结构和元素之间相互作用和关系的探索来理解、分析和解决 β 系数的决定因素，例如上市公司的持续竞争优势问题、盈利模式问题、自主定价权、未来利润增长点问题、行业景气度问题、公司治理结构问题，等等。① 通过十分深入的上市公司产品调研，建立和上市公司密切的沟通，对公司产品未来市场空间达到精通的地步，这才是正确预估 β 系数的做法。

综上所述，资本资产定价模型对于资本成本与 β 系数的估算存在一个巨大的 BUG：它否认企业的业绩是一个相互联系的统一整体，否认企业内部经营会因未来矛盾而引起发展变化，认为企业经营实质上是不变的，即使有变化，也不过是量的增减或场所的变更，既没有质变，也没有飞跃；它避而不谈企业活动中人的社会性，不承认金融模型对生产实践的依赖关系，把金融模型看作直观的、消极的、被动的反映，把抽象的数学概念和概率分布当成上市公司业绩的决定力量。这一思维错误，至今还在广泛而持续地影响着企业的投融资活动，自然也影响着我国资本市场各种功能的正常发挥。

此外需要特别指出的是，长期以来，我国资本市场投资者的收益往往是"一胜二平七负"。这其中除了缺乏投资理论指导的原因外，被机械决定论线性外推的谬误所误导也是极其重要的因素：投资者即使知道应该遵循高成长的价值投资理念，但在实践中通常选择以往经营业绩高成长的投资标的，结果往往与未来经营业绩高成长的投资标的擦肩而过。具体而言，资本市场上广大的投资者，往往没有经营企业的经验，会对企业经营中一些明显的趋势缺乏洞察，同时对企业经营中常见的值得警惕的信号视而不见，这种情况下如果盲目迷信历史数据回归的 β 系数，势必会在投资活动中陷入泥潭。即使是资本市场上的专家级人物，如果不摒弃线性外推的思维模式，也一样会错

---

① 但是马科维兹、威廉夏普等现代金融学的创造者们显然不属于此列。伯恩斯坦指出：然而此一革命的创造者，并非活跃在金融界的人士；也不是诞生自纽约这个全球最大的金融市场。大多数的先驱者是喜好艰涩数学的教授。其中有一位是大学足球代表队的明星球员，原本计划教法文；另一位则为天文学家，有人认为他早年对财务学的狂热是一种"极大的错误"。其他人则选定数学、工程学、物理学等作为安身立命的领域。他们当中大多数人不把股票市场视为致富之地，很少会在股市投资超过数千美元（《投资革命》第 13 页）。甚至在正统的经济学家眼里，他们的研究也与经济学无关。例如马可维兹在对他的资产组合理论申请博士论文答辩时，弗里德曼是马可维兹口试答辩委员之一。口试开始数分钟后，弗里德曼转头向马可维兹说："我看不出你的数学有任何错误，但我有个疑问，这不是一篇经济学论文，因此我们不能授予你经济学博士学位。这篇论文不是数学，不是经济学，甚至不是企业管理论文。"所幸最终马可维兹还是通过论文答辩！（《投资革命》第 71 页）

得离谱。

例如，2018 年国际投行普遍看空特斯拉，许多投资专家甚至计算出特斯拉的倒计时，很多对冲基金也大肆做空特斯拉。特斯拉确实命悬一线。按照历史 β 系数计算特斯拉估值，专家的判断没有问题。但是，事情永远是变化发展的，永远不以机械决定论者的意志为转移，特斯拉上海超级工厂迅速开工量产，全世界最大的电动车市场向特斯拉敞开怀抱，结果特斯拉股价急涨，打爆了所有空头。

3.6　用历史数据回归 β 系数的做法是金融定价理论的倒退

在现代企业制度下，为了获得连续经营所需要的资金，公司企业在金融市场上筹集资金，对投资者而言就出现了资本资产和货币资产，统称为金融资产。作为一种与普通商品和资金明显不同的特殊商品，资本资产的定价完全不同于普通商品、资金和货币资产，人们长期以来采用的是贴现现金流模型，其思路是对资本资产未来产生的现金流进行贴现加总。这一模型的关键在于它需要预测未来的现金流。

事实上，贴现现金流模型已经有非常悠久的历史。早在威廉·配第的时代，人们就开始使用贴现现金流模型为土地定价。不过在这个年代人们认为贴现的期限应该是有限的。马克思是这样介绍这时土地的贴现期限的："这里如何确定形成土地的价值的年数即年租的年数呢？一个人（配第推论说）有兴趣购买的年租的年数，只是他要为自己和自己最近的后代'操心'的年数，就是说，只是一个平均人——祖、父、子三代生活的年数。这个年数按'英国的'估计是 21 年。因此，21 年以外的东西，对他毫无价值。因此他支付 21 年的代价，而这也就形成土地的价值。"

随着资本市场的发展和人们认识的不断加深，不仅是土地，股票、债券和企业也都成为贴现的对象，而且贴现期限也逐渐延伸到未来无限远（有期限规定的债券除外）。

贴现现金流模型认为，任何资产的内在价值取决于持有资产可能带来的未来的现金流收入的贴现值。在选用贴现率时，不仅要考虑货币的时间价值，而且应该反映未来现金流的风险大小。

　　相比面向未来收益的贴现现金流思路，用历史数据回归 β 系数来估算预期收益率（资本成本）的做法是思维方式的倒退。①

---

　　① 这里我们看看中国古代哲学是如何理解历史与现在关系的。《吕氏春秋．慎大览》《察今》篇以生动的比喻和有趣的故事反复说明了历史数据不可靠的道理，反映了先秦时代中国人达到的智慧高度。读者可以对比 CAPM 模型用历史数据回归 β 系数的做法品味以下段落。

　　"上胡不法先王之法，非不贤也，为其不可得而法"。

　　"凡先王之法，有要于时也，时不与法俱至。法虽今而至，犹若不可法。故释先王之成法，而法其所以为法"。

　　"荆人欲袭宋，使人先表澭水。澭水暴益，荆人弗知，循表而夜涉，溺死者千有余人，军惊而坏都舍"。

　　"世易时移，变法宜矣。譬之若良医，病万变，药亦万变。病变而药不变，向之寿民，今为殇子矣"。

　　"楚人有涉江者，其剑自舟中坠于水，遽契其舟曰：'是吾剑之所从坠。'舟止，从其所契者入水求之。舟已行矣，而剑不行，求剑若此，不亦惑乎？"

　　"有过于江上者，见人方引婴儿而欲投之江中，婴儿啼，人问其故，曰：'此其父善游。'其父虽善游，其子岂遽善游哉？"

第4章 资金成本与资本成本在我国的混淆与资本成本的缺位

股权资本成本不论用哪种估算方法，都应该是前瞻性的预期估计，决定其数值的关键因素也是建立在预期基础上的变量。但是资本资产定价模型从一开始就使用历史数据回归的 β 系数来代替预期 β 系数。这种偷换概念行为经过诺贝尔经济学奖耀眼光环的加持后已经在当今理论界深入人心，人们对此早已习以为常。如此估算的资本成本显然与作为预期意义上的资本成本大相径庭。这种对于机械决定论思维的熟视无睹在我国学术界造成了一个严重后果，就是资金成本与资本成本的混淆以及由此带来的我国资本市场功能缺陷。

4.1 资金成本的来龙去脉

4.1.1 资金成本

与西方现代财务理论中的资本成本概念不同，资金成本是我国特有的一个财务概念，是我国经济体制转轨过程中的过渡性产物。

"资金"一词来自苏联，在计划经济时期曾广泛使用，我国会计传统上采用资金占用、资金来源这两个概念，因此，资金成本的定义体现了无投资者主体的这一特色。"资金成本是指企业筹集和使用资金必须支付的各种费用。在市场经济条件下，企业不能无偿使用资金，必须从其经营收益中拿出一定数量的资金支付给投资者""资金成本由用资费用和筹资费用两部分构成""资金成本就是企业取得和使用资金而支付的各种费用，又称资本成本。资金成本包括用资费用和筹资费用两部分内容""资金使用者得到了资金使用权，即获得了资金不断增值的能力，这就要求他使用资金而获得的利润必须与资金所有者共享。要求资金使用者除按规定时间归还款项外，还必须将盈利的一部分以利息、资金占用费、股息等形式支付给资金所有者，同时，在筹集过程中还应支出一些代理费、代办费和手续费。这些开支仅仅是因为筹集、占用资金而引起的，这就是资金成本""所谓资金成本，是指资金使用者为筹措和占用资金而支付的各种筹资费和各种形式的占用费等，是将盈利和资金的一部分支付给资金所有者的报酬，体现着资金使用者和所有者之间的利润分配关系""资金成本是指资金使用者的开支，如利息收入""资金成本是资金占用额的函数"等。

4.1.2　我国使用资金成本概念的历史回顾

4.1.2.1　自晚清以来中国上市公司和投资者就没有资本成本意识

中国最早的股票交易发源于上海，是晚清时代的舶来品。上海股票交易最迟在 19 世纪 70 年代初就已成为普遍现象，但是股票市场的基石——现代企业制度却并未相应建立起来。众所周知，现代企业制度在西方经过了几个世纪的发展和演变，是资本主义经济大潮推动的结果，其国民的股份观念和公司意识在长期的自然演进过程中，与公司制建设基本上是同步适应的。而在晚清时期，现代企业制度则是一种急遽引进的企业制度，国人虽然迫于民族危机的日益深重，普遍产生了发展公司、以利商战的动机和热情，但是实际上对公司制的理解必然"较外洋尚属生疏"①，以至于时人评说："夫公司之设，学西法也，乃学其开公司，而不学其章程""但学其形似，而不求夫神似"②。

具体来说，19 世纪 70 年代初轮船招商局成立，即面向社会发行股票。其后，开平煤矿、上海机器织布局，天津电报局、平泉铜矿、荆门煤铁矿等官督商办企业相继创立，都在上海等通商口岸筹集股本。这些洋务运动企业的股票成为市面交易对象，在 19 世纪 80 年代初达到高潮。为解决投入资金不足的问题，清政府向民间资本开放部分产业和企业，却又通过衙门化的管

---

① 李玉. 晚清公司制度建设研究［M］. 北京：人民出版社，2002.
② 书织局章程后［N］. 申报，1887 – 07 – 30.

理方式，将出资人的话语权缩小到近似于无。这直接导致当时人们购买股票大多出于投机心理，购股者很少过问企业的经办状况，缺乏相应的股权意识。①时人这样记述民众的购股心态："今华人之购股票者，则并不问该公司之美恶，及可以获利与否，但有一公司新创，纠集股份，则无论何如竞往附股。或十股、百股、数十股、数百股，惟恐失之。其有派股不及者，则悻悻然见于其面……久之而股份忽涨，则又不胜悔恨，谓前此若得著，则此时已有盈余"。在利图眼前的心态支使下，商民"专心致志于（买卖）股票之中"，并不在意公司的利润如何，因为"股票转售，其利已属不赀"。他们"日日探听股份涨落之消息"，但并不关心公司所办之事成效如何。股票幸而涨价，持股者"不问其何以涨也，得价便售；彼受之者，亦初非欲附该公司之股，但因该公司之股票飞涨，将来必尚有腾贵之时，故收之以冀获利于他日"。若股票久未见涨，则持股者"又情愿耗折数两，转售于人，而又可另购他票"。②

当时的申报时评认为购买股票者缺乏理性的投资观念，"一公司出，不问好歹，不察底蕴，股票早已满额，亦麾之不去"，"然则股份虽易招集，而其实十之八九皆非真欲买股之人也，非真欲分该公司该矿之利也"。"中国股票之所以不能无买卖者，正以买股之人初但希冀其涨价沾其余利，并无置为产业永远世守之义"。③

针对这一现象，同时代的学者梁启超还从股东投资心理角度分析了投资者投资回报意识缺乏的原因。他说，"抑纠问职员责任者，实惟股东。而公司之股份，其每股金额恒甚少，为股东者，恒非举其财产之全部，投诸股份。即多投矣，而未必悉诸一公司。且股份之为物，随时可以转卖"，"此公司股东之克尽责任者，所以尤不易也"。他认为股东购买股票大都为了投机目的，寄希望股票涨价后卖出获利，股东并未把自己的利益与公司的利益联成一体，股票金额小、股票频繁转手，使股东与企业缺少利益上的关系，股东也就无意运用股权实现对企业经理者的监督。梁启超同时指出，出现这种情

---

① 针对投资者的投机心理，上海英文报《北华捷报》指出，问题的根源在于之前的轮船招商局等招股后，却在重大事宜上从不尊重投资者意愿，导致投资者丧失信心。管理层只看重融资效果，并未打算引进先进的西方企业制度，股东自然就缺乏应有的经营回报理念。参见雪珥. 天子脚下 1860～1890 晚清经改始末［M］. 北京：中国华侨出版社，2012.

② 李玉. 19 世纪 80 年代初上海股市风潮对洋务民用企业的影响［J］. 江海学刊，2000（3）.

③ 严亚明. 晚清企业制度思想与实践的历史考察［M］. 北京：人民出版社，2007.

况的原因是由于当时中国股份制法律不健全，"就股东一方面观之，以法律状态不定，不能行确实之监督权，固也。而股东之怠于责任亦太甚，乃至并其所得行之权限而悉放弃之，以致职员作弊益肆无忌惮。阻公司之发达者，则职员与股东实分任其咎也"。[①] 认为要发展股票市场，就要提高国人对股份制和股东权利的认识，增强权利意识，通过股权运作机制实施对经理者的监督和对企业的最终控制，规范董事、经理人员的行为，扼制经营者权力的恶性膨胀。[②]

4.1.2.2　我国使用资金成本概念的历史

追根溯源，资金成本实际是我国转轨时期本土特有的财务管理思想的产物。我国的财务管理是在新中国成立初期从苏联引进的，其基本内容是将财务作为国民经济各部门中客观存在的货币关系包括在财政体系之中，特别是认为企业对国家的关系是资金无偿调拨、使用与利润上缴之间的关系，企业根本不存在筹资管理问题。这时企业不需要也不可能去考虑资金的机会成本与收益率，自然这时也根本不存在资金成本的概念。

4.2　资金成本与资本成本的本质区别及其在我国的混淆

本节介绍了资本成本与资金成本的本质差异及其混淆。

4.2.1　资本成本与资金成本定义的差别

由前面可知，资本成本是指投资者所要求的回报率即预期收益率。而资金成本是指资金使用者支付的筹资费和占用费。虽然只有一字之差，但两者的内涵却谬以千里。资本成本是十多年前与资本市场、现代公司财务理论一起引入中国的"舶来品"。而资金成本，则是我国企业改革"拨改贷"后产生的"国货"，是一个由企业（此处企业并非公司制企业）管理者单方面决定的融资成本。因此必须要对它们的本质区别及其作用做出彻底的梳理。

---

① 梁启超. 饮冰室合集 [M]. 北京：中华书局，1989.
② 严亚明. 晚清企业制度思想与实践的历史考察 [M]. 北京：人民出版社，2007.

4.2.2　股权资本成本与股权资金成本的计算公式比较

在公司举债融资时，由于债权的强信用约束性（债权人坚持自己的债息或利息的权利），债权资金成本通常等于债权资本成本。但是在股权融资时，两者就大不相同了。因此，资本成本与资金成本的区别主要体现在股权资本成本与股权资金成本上。

4.2.2.1　股权资本成本的计算公式

1. 现代金融学中股权资本成本的计算。

按照现代金融理论，"资本资产定价模型和套利定价模型为商业金融的应用以及资本机会成本的估算提供了有用的概念框架"，特别是"和 MM 定理相结合，CAPM 提供了评估各种融资方式（股东权益与债券）成本大小的方法"。[①]

2. 按照现代公司财务理论，股权资本成本的计算公式参见本书 3.1。

4.2.2.2　股权资金成本的计算公式

至于股权资金成本的计算，目前我国财务学者和资本市场研究者从筹集费、占用费之和的定义出发，创造了各式各样的资金成本（或名为资本成本实为资金成本）的计算公式，可以归纳为以下六种。

方法 1　从资金成本的定义出发：

股权资金成本 ＝ 资金占用成本/（筹集资金总额 － 筹集成本）×100%

或者，资金成本率是资金成本（包括资金使用费用和筹集费用）与资金筹集总额之比。在实践上，资金成本率是资金使用费用与资金筹集净额之比。

方法 2　股权资金成本包括：（1）股票分红支出。（2）募股（主要是配股）发行费用。（3）红利税收。（4）发行股票的负动力成本。增发股票会稀释原有股东的股权比重，从而影响股权激励的效应，但是因为目前公司不合理的治理结构，这种负动力成本基本上不存在。（5）发行股票的信息不对称

---

① 有关研究综述可参见：陆正飞. 基于中国资本市场的公司财务研究：回顾与评论 [J]. 财会通讯（综合版），2004 (9)、(11)；朱武祥. 资本成本理念及其在企业财务决策中的应用 [J]. 投资研究，2000 (1).

成本。外部投资者一般会把新股票的发行看作企业质量恶化的信号，从而低估企业的价值。

方法3　股权资金成本包括：（1）股票分红。（2）股票融资费用。（3）红利的税收。（4）发行股票的负动力成本。

方法4　普通股融资成本主要是股利报酬率和融资交易费用。

其中，股利报酬率是普通股每股股利与每股市价之比，即股利报酬率 = 每股股利/每股市价股利报酬率 =（每股股利/每股利润）×（每股利润/每股市价）=股利发放率/市盈率。按股利发放率最大为每股利润的85%、当前市场上近5年的算术平均市盈率40倍计算，股利报酬率约为：85%÷40 = 2.125%。

方法5　认为计算资金成本率最常用的方法有两种：一是站在融资方角度，以每年流入、流出的现金流量来计算各种筹资方式的资金成本率；二是直接将每年付出的利息或利润除以实际可使用的资金（筹资总额 - 筹资费用）。

方法6　在《经济研究》发表上、影响更大、更常被引用的一个计算案例是：

"上市公司股权融资的总成本为CS，其构成包括：股票投资股利PS……CT股权融资交易费用……CP股权融资的公司控制及负动力成本…… - PA股票上市广告效应带来的负成本"。"$CS = \sum (PS, CT, CP, -PA)$"。

方法7　股权融资成本除了投资者获得的股息、红利和从公司送配中得到的收益外，还应该考虑加上寻租成本、代理成本、机会成本、信息成本和国有资产流失成本等。

4.2.3　国际财务界对股权资本成本概念使用的三个例子

其一，国际上对于股权资本成本的估算模型包括：风险因素加成法；资本资产定价模型（CAPM）；套利定价模型（APM）；法玛 - 弗兰士（Fama - French）三因素模型；各种形式的扩展CAPM；贴现现金流模型（discounted cash flow model，DCF）或者称戈登（Gordon）模型。上述模型共同点在于均按照股权资本成本等于无风险收益加风险补偿这一关系进行计算，只是在风险补偿因素及估算上有差异。其中没有一种估算模型是把各种融资费用简单相加。

其二，1999年2月美国"财务主管协会"（Financial Executive Institute）

与杜克（Duke）大学联合就现代财务理论在企业的运用情况向 392 位财务总监进行了一次调查，本书就该调查结果中关于资本预算方法、资本成本的调查结果表明，资本资产定价模型（CAPM）是计算权益资本成本的最普遍的一种方法：73.5% 的公司总是或几乎总是使用 CAPM，列在第二、第三位的方法分别是股票平均收益率和多因素 CAPM，很少公司从股利折现模型中倒推出权益成本。大公司比小公司更可能使用 CAPM，而小公司更倾向于使用投资者所要求的资本成本；有 MBA 的 CEO 比非 MBA 的 CEO 更可能使用单因素 CAPM；负债率低的公司明显地更可能使用 CAPM；民营公司与公众公司之间存在重大差异，公众公司更可能使用 CAPM；有境外销售收入的公司更可能使用 CAPM。

其三，发明 EVA 管理模式的 Stern Stewart&Co. 财务咨询公司认为，"许多公司实际上是在损害股东财富，因为所得利润是小于全部资本成本的。EVA 纠正了这个错误，并明确指出，管理人员在运用资本时，必须为资本付费，就像付工资一样"。"换句话说，EVA 是股东定义的利润。假设股东希望得到 10% 的投资回报率，他们认为只有当他们所分享的税后营运利润超出10% 的资本金的时候，他们才是在'赚钱'。在此之前的任何事情，都只是为达到企业风险投资的可接受报酬的最低量而努力。"同时该公司还规定了运用 EVA 的两条基本财务原则，其中的第二条原则是："一个公司的价值取决于投资者对利润是超出还是低于资本成本的预期程度"。很明显，这里的资本成本绝不是公司股权的资金成本，而是投资者的一种风险回报权利。

从上述例子可见，股权资本成本与股权资金成本是完全不同的两个概念，绝不可混为一谈。

4.2.4　资本成本与资金成本的本质区别

从定义上看，资本成本与资金成本都是融资的价格指标。这一共同点启发我们应该到定价理论和现实经济的背景中去探讨它们的本质区别。

4.2.4.1　从经济学定价理论的发展脉络来看

在经济理论以往几百年的发展过程中，定价理论起着至关重要的推动作用。人们最先关注的是商品价格的决定及其波动的影响因素。19 世纪之后转而研究资金这种特殊商品的价格，20 世纪以后又逐渐拓展到对金融资产（货币资产和资本资产）价格的研究上来。

随着资本经济时代的到来，金融资产作为一种极其重要的特殊商品进入投资者的视野。这种特殊商品与普通商品相比，最大的特点是具有不确定的未来现金流，即具备收益性和风险性。因此，对金融资产定价时，其不确定性就成为人们不得不考虑的因素。如果说货币资产由于其期限很短（≤1 年）而可以忽略其风险的话，那么资本资产的定价就必须考虑其风险大小。所以资本资产的定价完全不同于普通商品、资金和货币资产。资本成本就是资本资产的风险价格。

资本成本中的"资本"是一个金融学①的概念，在这里与资本市场中的"资本"以及资本资产中的"资本"一词是一致的，是指为公司的资产和营运所筹集的长期（≥1 年）资金。② 因此，资本成本首次在定价理论中体现了风险这一特征。

1964 年和 1965 年，威廉夏普在马科维兹的基础上提出了 CAPM 模型，用于确定资本资产的风险价格即资本成本。CAPM 的出现标志着现代财务理论在资本经济时代的飞跃发展。

与之对应，我国财务界一直都未能认识到在资本定价中存在风险因素，误以为"资本本身的价格等于构成资本的商品的价格"。直到 1988 年，中国人民银行总行《金融市场》编写组的专家们在介绍短期资金市场、长期资本市场时也仅仅是指出两者的区别在于期限长短的不同，丝毫没有涉及两者的风险大小不同。因此我国理论界和企业界长期缺乏对资产风险的认识，习惯于使用资金成本概念也就不足为奇了。从未考虑风险因素这一角度来看，资金成本实际上体现了人们对资金市场时代而非资本市场时代的认识，它可以看作对风险忽略不计的货币市场工具的筹集成本，却无法反映出资本市场时代财务理念的新变化和新思想。

4.2.4.2　从各自对公司管理者的约束性看

如果投资者具有资本成本权利意识，就会对公司治理机制起到促进作用，

---

① 会计是面向过去核算价值（当会计介入预算时，实际已变成金融或财务的问题），而金融则面向未来估算价值。因此，金融的视角是对未来的预期。

② 在整个现代金融理论中，"资本"的这一定义始终是统一的。例如，著名的 MM 定理所讨论的"资本结构"就是指公司股票与公司债券这两种长期融资工具的比例结构。又如，在巴塞尔协议中所规定的银行资本中就包括长期次级债务。

对公司管理者形成硬约束。当公司提供的回报达不到投资者所要求的资本成本时，后者就可以利用公司治理中的约束机制制约管理者的行为：或者"用手投票"，在股东大会上撤换管理层，或者"用脚投票"，因不满而撤资转向其他的投资项目，造成该公司的股票市值下跌从而使公司容易遭到敌意收购。相反，如果投资者只知道资金成本意识，就不会追求持有股票的风险报酬，而是追逐资本利得，一味在二级市场追涨杀跌进行博傻交易。这时公司治理中的管理者约束就是软约束。

4.2.4.3 从是否具有产权性质来看

资本成本属于新制度经济学中的产权范畴，是投资者的一项权利；资金成本则与投资者的权利无关。前面已经详述，这里不再重复。

4.2.5 资本成本与资金成本的混淆及其后果

资本成本与资金成本在我国的混淆造成了资本成本的缺位，带来了严重的后果。

4.2.5.1 资本成本与资金成本定义出现了混淆

由前面可知，资本成本与资金成本的定义本来是完全不同的，但国内许多教科书在介绍资本成本时，却偏偏将其定义为"公司为筹集和使用资金而付出的代价"。较为典型的解释是："资本成本简单地说，就是使用资金的代价。作为资金的使用者，其资金的筹集不论来自投资者，还是来自债权人都必须为此付出一定的代价，绝不可能无偿地使用这些资金。因此，资本成本就是企业因筹集或使用资金所付出的代价。"这一定义基本上就是资金成本定义的翻版。[①] 一方面认为资本成本是投资者的资本回报率；另一方面又认为资本成本是公司筹集资金和使用资金必须支付的各种费用。

4.2.5.2 资本成本与资金成本混淆带来的后果

很明显，上述对资本成本的定义实际上脱胎于本章中介绍的资金成本概念，根本没有涉及资本成本的本质，这种张冠李戴式的定义给人们带来了认

---

① 国内教科书绝大多这样定义，这里不再一一赘述。

识上的混乱。更为严重的是，这种混淆在国内理论界涉及面极为广泛，已经造成了资本成本事实上处于缺位状态。

表面上看，资金成本和资本成本的混淆以及资本成本的缺位并没有什么危害。但仔细分析后就会发现问题相当严重。

首先，如果我们还允许资金成本泛滥或者资本成本缺位的话，就会发现由于资金成本不宜被视为投资理论中的折现率，以致我国的融资理论与投资理论成为互不相干的"两层皮"。

其次，虽然资金成本也能局部地、直观地解释部分市场现象，但如果把它放在投资学的应用领域，就会出现致命性的决策失误。从许多学者的计算结果来看，由于在计算股权资本成本时往往将融资时发生的费用代价简单地相加，我国企业的资金成本相当低，远远低于企业的平均资本成本。如果以这种不考虑风险因素的资金成本作为投资项目决策中的折现率，就会高估项目的净现值，导致投资过度和资本浪费的后果。

同样的情形也发生在日本的公司中。由于他们采用的是银行主导型金融模式而非市场主导型金融模式，因而也缺乏由资本市场确定的资本成本。或者说，由于银行既是股东又是债权人，公司的资本成本被低估了，结果出现了投资过度的问题。诺贝尔经济学奖得主墨顿·米勒在评论 20 世纪 80 年代的日本公司疯狂购买美国房地产时指出，"日本公司有时进行的投资看起来就好像资本没有成本或没有多少成本一样"。"许多公司已将资金投向那些不仅无法获得正投资回报率，也投向就连初始投资也难以收回的资本过度密集的工厂"。当投资过度的泡沫破裂后，我们看到，日本经济陷入 20 多年的经济萧条。

事实上，资本成本与资金成本混淆及资本成本的缺位带来的危害还体现在对资本市场功能的影响上，本书第 6、第 7、第 8 章将分别对此进行分析和探讨。

第5章 我国资本市场的功能定位研究

本章介绍了国内外关于资本市场市场功能研究的现状；列举了我国资本市场目前存在最主要的功能缺陷的表现；对探讨我国资本市场功能缺陷原因的相关文献进行了综述介绍，并根据系统论原理提出资本成本的缺位是我国资本市场的功能缺陷的深层次制度原因。

5.1 我国资本市场功能定位文献综述

本节对国内外介绍资本市场功能的文献进行了基本的概括，并归纳出我国资本市场应具备的主要功能。

5.1.1 国外对资本市场作用的定位研究

国外对资本市场作用的研究主要是从新金融发展理论（即对资本市场发展对经济增长作用评价）和金融学两个方面展开的。

5.1.1.1 新金融发展理论对于资本市场与经济增长关系的研究

新金融发展理论[①]对资本市场功能的研究主要集中在股票市场与经济增长的关系上，并且存在争议。主要有两种不同的观点。

一种观点认为股票市场能够促进一国经济的发展。主要研究成果包括以下七项。

---

① 本书中将建立在传统外生性增长模型基础上的金融发展理论称为传统金融发展理论，而将建立在内生增长理论基础上的金融发展理论称为新金融发展理论。

1. 帕加诺（Pagano，1993）在内生增长理论基础上建立了相关模型，论证了股票市场对经济增长具有以下作用：一是促进储蓄转化为投资；二是提高资本的配置效率；三是通过改变储蓄率来影响经济增长。

2. 安东和莫迪利安尼（Ando and Modigliani，1963）系统地阐述了家庭消费行为的生命周期模型，研究了消费和财富之间的理论联系，最早对股票市场财富效应提出理论分析。

3. 格利和肖（Gurley and Shaw，1967）认为在经济的较低水平上，商业银行控制整个金融结构，然而，随着经济的发展，特殊的金融机构和资本市场便发展起来。在不同的国家和不同的发展阶段，金融结构和资本市场对经济发展所起的作用也不相同。

4. 阿提和乔瓦诺维（Atie and Jovanovie，1993）发现，在其研究期内（1980～1985年），经济增长与股票市场发展有明显的相关关系，当经济增长率提高时，也恰恰是股票上升的时期。股票市场交易率每增加一个百分点，经济增长率将上升0.083个百分点。

5. 坎特和莱文（Kunt and Levine，1996）通过实证检验发现在人均GDP与股票市场发展之间存在某种对应关系：一般来说，在人均实际GDP较高的国家，其股票市场发展程度也较高。

6. 莱文和泽沃斯（Levine and Zervos，1998）又在坎特和莱文所提出的总体指标基础上，实证检验了股票市场发展和长期经济增长之间的关系。他们使用1976～1993年41个国家的数据，发现在股票市场总体发展和长期经济增长存在正相关关系。

7. 波依和史密斯（Boyd and Smith，1998）认为处于较高人均收入水平下的经济总是伴随着活跃的股票市场。从若干国家的发展历程来看，典型的发展形式总是：人均产出的增长伴随着活跃的股票市场的发展，以及较低的债务/股票比率。发展水平较低国家的股票融资比例较低，而发展成熟的国家大量使用股票融资。

德米尔格坎特和马克西莫维奇（Demirguc-Kunt and Maksimovic，1996）、拉詹和津加莱斯（Rajan and Zingales，1998）则研究了股票市场发展和企业投融资间的联系，发现股票市场功能的完善度与企业的业绩呈正比。

另一种观点认为股市与宏观经济之间没有关系。这些学者大多从股票市场规模、融资数量和传导机制的角度来进行研究而得出两者无关的结论。

1. 约瑟夫·斯蒂格利茨（Joseph Stiglitz，1985）认为，①股票市场分担风险的能力并没有理论上所论证的那样强。由于过强的流动性削弱了股票市场的抗风险能力，结果可能有害于经济增长。因为流动性过强，投资者可以轻易地出售股票，这就鼓励了他们的短期行为，降低了投资者对公司监督的积极性。②由于股票市场信息不对称，市场价格不能真正反映上市公司的业绩，导致优秀上市公司的筹资成本太高，这样既影响了公司上市的积极性，更有碍于资源的有效配置。

2. 科林·迈耶（Colin Mayer，1988）认为，从公司融资角度来看，由于企业外源融资的比率和上市公司的比率都很低。企业成长对股票市场的依赖程度相对较小，股票市场对企业增长并没有起到促进作用。

3. 哈瑞（Harris，1997）对发达国家和发展中国家数据分别进行回归分析，结果发现，对发展中国家来说，股票市场对经济增长的作用效应非常弱；而对发达国家而言，股票市场对经济增长的作用则较为明显。

4. 阿雷斯特和德米雷德斯（Arestis and Demetriades，1997）认为由于股票市场缺乏效率，其定价机制和接管机制的功能并不能很好地发挥，即便发育较完善的股票市场也难以对经济增长发挥应有的作用。他们得出的结论是：股票市场对实际 GDP 增长有一定影响，但证据不充分。

5.1.1.2　金融学对资本市场功能的研究

本杰明·弗里德曼（Benjamin M. Friedman）在《新帕尔格雷夫经济学大辞典》写道："基本上，在所有具有高度发达的金融体系的发达经济中，实际资本市场履行了风险定价的职能，从而指导新资本的积累与配置""资本市场除了通过确定相对风险定价来指导资本的积累和分配之外，也通过为企业提供直接增加新股票资金的机会而在促进资本积累方面起直接的作用"。

哈罗德·罗斯（Harold. Ross）则认为，"资本市场有两个主要功能：一是调节经济主体之间对于融资需求与供给的关系；二是为金融资产和负债的重新安排提供便利"。

法玛（Fama，1976）认为，"一个有效率的资本市场是资本主义的重要组成部分……如果资本市场能够顺利实现其资源配置功能，证券的价格必须是其价值的最好指示器"。即只要市场机制的作用能够有效、充分地发挥，通过市场的风险定价机制，就可以实现社会资源的有效配置。①

1981 年诺贝尔经济学奖得主詹姆斯·托宾认为，金融市场（体系）的效率概念有这样四种不同的含义：（1）信息套利效率；（2）基本估价效率；（3）完全保险效率；（4）功能效率；托宾认为，资本市场在功能效率方面即促进资金由盈余公司向赤字公司的转移、为政府投资以及为居民提供各种服务方面发挥了重要作用。

默顿与博迪认为，任何金融体系的主要功能都是为了在一个不确定的环境中帮助在不同地区或国家之间在不同的时间配置和使用经济资源。具体地说，可分为以下六种功能：（1）清算和支付结算的功能；（2）聚集和分配资源的功能；（3）在不同时间和不同空间之间转移资源的功能；（4）管理风险的功能；（5）提供信息的功能；（6）解决激励问题的功能。

1990 年诺贝尔经济学奖得主墨顿·米勒认为，相对于银行主导型模式，市场主导型模式下资本市场的一个重要作用是对"对大公司的经理人员进行评价、奖励和惩罚。"

5.1.2 国内对资本市场功能的定位研究

国内真正开始对资本市场及其功能进行系统的研究是在 1990 年上海证券交易所、深圳证券交易所正式营业以后开展的。研究人员主要是早期的证券管理部门和上海、深圳证券交易所的领导、管理人员，国内较早对资本市场功能的研究多是从实际工作需要出发，并不深入、系统，只是散见于讲话、报告、论文或书籍的某个章节中。大约是在 1996 年后，国内才出现了对资本市场及其功能进行系统研究的高潮。1998 年提出了股票市场要为国企改革服务的提法。党的十六大报告中则提出了推动资本市场的改革开放和稳定发展的整体方略。2004 年 1 月 31 日《国务院关于推进资本市场改革开放和稳定发展的若干意见》正式提出官方认可的资本市场的四大功能即促

---

① 这里所探讨的是风险定价功能对全社会金融资源配置的作用。股票价格对企业内部资源配置可能就不一定有效率。美国经济学家（James Dow and Gary Gorton, 1997）认为，和商品、服务市场上的资源配置过程中价格所起的直接的、关键性的作用不同，二级股票市场的价格虽然被认为是最具有信息效率的价格，但是它在决定企业内部资本配置方面并不起直接的作用，因为，"经理人掌握着企业投资的决策权"，而经理人控制下的企业投资决策和企业的股票在二级市场上的价格没有必然的联系。因此，资本市场上证券价格即使通过检验实现了某种程度的"有效性"，并不能说就是实现了资本市场资源有效配置。

进资本形成、优化资源配置、推动经济结构调整、完善公司治理结构。2020 年 5 月 18 日，《中共中央国务院关于新时代加快完善社会主义市场经济体制的意见》指出，加快建立规范、透明、开放、有活力、有韧性的资本市场，加强资本市场基础制度建设，推动以信息披露为核心的股票发行注册制改革，完善强制退市和主动退市制度，提高上市公司质量，强化投资者保护。

据不完全统计，学术界对于我国资本市场的功能定位，大致有以下研究结果。

唐宗（1997）认为，资本市场是长期融资市场，自然有融资功能。但是，资本市场之所以成为市场经济中整个市场体系的核心，则是由于其资源配置功能。贺学会（1997）认为，在高度发达的市场经济条件下，资本市场的职能可以按照其发展逻辑而界定为资金融通、产权中介和资源配置三个方面。张亦春（1999）认为，资本市场（金融市场）提供了聚敛功能、配置功能、调节功能和反映功能。谌勇（2000）认为，只有真正把资源配置功能摆在第一位，将筹资功能放在第二位，才能使资本市场健康发展。靳明（2001）认为，资本市场可以为上市公司提供优化资源配置、转换企业经营机制、直接融资等功能。程建国（2001）认为，从微观角度来看，资本市场的功能包括筹资功能、信息传递功能、资源配置功能和评价功能。从宏观角度来看，又包括宏观调控、将储蓄转换为投资的功能、促进企业制度改革、转变国民经济运行机制和培育公众金融意识的功能。张宗新、姚力、厉格非（2001）认为，我国资本市场的功能定位是：为企业筹资、促进企业产权结构和内部治理结构的转变和促进资源的再配置。董辅礽（2003）认为，第一，资本市场的功能在于促进资本的社会化和公众化；第二，资本市场把各方面沉淀的货币转化为资本；第三，股份的证券化大大加强了市场在优化资源配置中的作用。徐少华、郑建红（2003）认为，我国的资本市场应具备：（1）筹融资功能；（2）价值发现功能；（3）优化资源配置功能，以及附属的国有企业的脱贫、完善上市公司的治理机制、规避风险功能等。刘义圣（2004）认为，资本市场的功能大致分为宏观功能（包括融资功能、预示功能、资源配置功能和分配功能）和微观功能（包括转制功能、约束功能、价值发现评价功能）。辜胜阻、曹誉波、杨威（2011）认为，资本市场作为重要的直接融资渠道，是金融创新与产业创新有机结合的产物，具有要素集成、筛选发现、企业培育、资金放大与风险分散五大制度功能。辜胜阻、庄芹芹

（2016）基于企业创新发展角度，认为资本市场具有创新激励与约束机制、价格发现、重组创新资源、风险分散以及创新融资等重要功能。就我国股票市场与经济增长之间关系的实证研究而言，各种结论之间则有着明显的分歧。谈儒勇（1999）、李广众（2002）、王军（2002）、李冻菊（2006）等的研究结果显示股票市场发展与经济增长之间有不显著的负相关或相关性不明显。赵振全、薛丰慧（2004）认为，融资利用效率低下和资源的逆配置导致股票市场对经济增长几乎没有效应。梁琪、滕建州（2005）通过弱外生检验发现，股市发展与经济增长之间没有任何因果关系，同时，股市中可能存在的"过度"波动对经济增长和银行发展产生了负面影响。陈刚、李树、刘樱（2009）认为，股票市场规模的扩张对中国全要素生产率增长具有不利的影响。而郑江淮、袁国良、胡志乾（2002）、王志强、孙刚（2003）等则认为，股票市场发展是经济增长的动力，股票市场发展有利于促进经济发展或存在对经济增长的作用机制。刘伟、王汝芳（2006）认为，直接融资体制融资效率相对较高，对经济增长和资本边际效率的提高也起到了积极的作用。范学俊（2006）、刘晓光、苟琴、姜天予（2019）认为，股市发展越有效率和活力，越能够加速推动经济向最优配置前沿收敛。

另外，闫斐（2017）认为，股市的发展具有两面性，股市总市值占 GDP 比重的提高对经济增长和人均收入水平的提高存在着显著的正向促进作用，但股票总交易额占 GDP 比重对长期经济增长率和人均收入水平的影响方向则不是很确定，甚至存在弱的负相关关系。但田菁（2017）却认为，股票市场发展对人均 GDP 增长率和人均资本存量增长率均无显著影响，但对全要素生产率增长率有显著的正向影响，即股票市场的作用主要在于促进了生产率的提高。于成永（2016）的研究结果显示股票市场规模影响不显著，而股票市场流动性能够促进经济增长。杨子荣、张鹏杨（2018）则认为，当产业结构以高风险产业为主时，市场导向型的金融结构才能有利于产业增长，与产业结构相符合的金融结构才能促进经济增长。

5.1.3 本书对我国资本市场功能的定位

综合国内外学者关于资本市场功能的阐述，本书认为，如果不考虑金融衍生市场的避险功能，我国资本市场应该具有以下四大功能：（1）融资功能；（2）风险定价功能（也称价格发现功能）；（3）资源配置功能；（4）激励与约束功能，① 即资本市场对现代公司制企业管理层提供的激励与约束。
这些功能都是资本市场的规范性功能，也是基本的功能。其中，融资功能和
风险定价功能是基础功能，资源配置功能与激励约束功能才是最主要与最核
心的功能。无论是西方资本市场还是亚太地区资本市场，无论是成熟市场还
是新兴市场，都应保证这些基本功能的发挥。从资本市场的发展史可以看出，
资本市场之所以在世界各地大规模的发展，正是得益于资本市场这些功能对
各国经济发展所产生的巨大作用。如果资本市场无法正常发挥上述功能，势
必会影响资本市场自身的发展。

5.2　我国资本市场功能缺陷的具体表现

我国资本市场目前存在的功能缺陷为：过于强大的股权融资功能以及由
此带来的股权融资偏好、扭曲的风险定价和资源配置功能、缺位的激励约束
功能。

5.2.1　我国资本市场股权融资功能的超常发挥与上市公司融资偏好的扭曲

伴随我国资本市场股权融资功能超常发挥的是上市公司强烈的股权融资
偏好。

5.2.1.1　我国资本市场股权融资功能的超常发挥

融资功能是资本市场最原始的特征和功能。如果按照这一标准来判断我
国资本市场，它绝对是个非常活跃、功能发挥超常的市场。2019 年全年 3777
家上市公司沪深交易所 A 股累计筹资 13534 亿元，累计筹资比 2018 年增加
2076 亿元。2019 年全年 A 股市场共有 201 只新股上市，首次公开发行 A 股

---

① 钱颖一认为市场经济通过制度安排给予广大的人民对生产和对创新提供了非常强有力的激
励；同时它又对每一个经济决策者有约束。激励与约束两者缺一不可。从激励与约束角度来分析问
题，我们对市场经济的理解就会深化一步。（钱颖一．激励与约束 [J]．经济社会体制比较，1999
（5）：8．）因此，本书认为作为市场经济的重要组成部分，资本市场也同样具有激励与约束的功能。
具体而言，资本市场的激励与约束功能体现在对上市公司管理者的激励与约束上，这正是现代企业制
度得以正常运作的根本保证。

筹资 2490 亿元，新股数量较 2018 年上升 91%，融资额增加 83%。[①] 截至 2019 年底，A 股市场总市值 592934.57 亿元，流通市值 483461.26 亿元，流通市值占比由 2005 年 32.8% 上升到 81.53%。2019 年，我国证券化率更是上升到 88.9%[②]。截至 2019 年底，沪深股市总市值达到 59.29 万亿元，相当于 10 年前的 2.4 倍，15 年前的 16 倍，市值排跃居世界第二。从历年各融资渠道募集资金占比来看，2010 年 IPO 融资额占比一度达到 48.05%，随后在 2011 年、2012 年持续下降甚至到 2013 年 IPO 出现了暂停，2014 年 IPO 重启，上市公司首发募资金额逐年增长，2017 年 IPO 融资额达 2301.09 亿元，占当年 A 股股权融资总额比例为 13.36%，2019 年首发融资总额更是达到了 2490 亿元。此外，A 股再融资（包括公开增发、定向增发、配股、优先股、可转债转股）也达到了 11044 亿元，比 2018 年增加了 964 亿元，[③] 如表 5.1 所示。

表 5.1   我国沪深股市 IPO 及二次融资情况

年份	上市新股 IPO 公司（家）	IPO 募资（亿元）	再融资				全年总融资（亿元）
			增发公司（家）	增发募资（亿元）	配股公司（家）	配股募资（亿元）	
1990	8	2.11	0	0	0	0	2.11
1991	5	10.87	0	0	0	0	10.87
1992	58	68.91	0	0	0	0	68.91
1993	147	184.83	0	0	53	60.10	245.02
1994	127	154.44	1	7.68	51	51.36	213.63
1995	36	42.37	0	0	78	56.25	99.78
1996	218	241.32	0	0	40	64.64	308.04
1997	222	651.56	0	0	93	205.68	859.98
1998	111	412.22	7	30.46	160	344.76	787.44
1999	100	494.71	7	59.75	116	318.98	873.63
2000	144	862.56	16	143.73	161	509.53	1515.82
2001	79	614.03	22	193.48	126	430.64	1238.14

① 资料来源：2019 年中华人民共和国国民经济和社会发展统计公报。
② 资料来源：中国证券期货统计年鉴及万得数据。
③ 资料来源：万得数据及 2019 年中华人民共和国国民经济和社会发展统计公报。

续表

年份	上市新股 IPO 公司（家）	IPO 募资（亿元）	再融资				全年总融资（亿元）
			增发公司（家）	增发募资（亿元）	配股公司（家）	配股募资（亿元）	
2002	71	498.75	28	164.68	22	56.61	720.05
2003	67	472.42	17	116.13	25	76.52	665.51
2004	100	361.05	11	159.73	23	104.77	650.53
2005	15	57.63	5	278.78	2	2.62	339.03
2006	66	1341.70	56	1028.48	2	4.32	2374.50
2007	126	4770.83	157	2816.24	7	227.68	7814.74
2008	76	1034.38	135	2095.68	9	151.57	3312.39
2009	99	1878.98	131	2818.99	10	105.97	4834.34
2010	347	4882.59	160	3394.71	18	1438.22	9799.80
2011	282	2824.43	188	3878.54	15	421.96	7154.43
2012	154	1034.32	155	3387.07	7	121.00	4542.40
2013	0	0	360	3655.74	13	475.73	4131.46
2014	125	668.89	528	6661.41	13	137.97	8498.26
2015	219	1576.39	756	12741.29	5	36.44	16361.62
2016	227	1496.07	827	16879.80	11	298.51	20297.39
2017	436	2301.08	761	12870.94	7	162.96	15534.98
2018	105	1378.15	633	8421.66	15	228.32	11377.88

资料来源：各年中国证券期货统计年鉴。

5.2.1.2 我国上市公司存在着与西方公司完全不同的融资偏好

西方发达国家的资本市场经过长期的演进与发展，已形成了较完善的公司制度。英美等国的公司在选择融资方式时一般都遵循所谓的"优序融资理论"（the pecking order theory），即公司融资遵循内部融资 > 债务融资 > 股权融资的先后顺序。简而言之，公司筹资先依靠于内部融资，再求助于外部融资。在外部融资中，公司一般优先选择债务融资包括银行贷款和发行债券，资金不足时再发行股票筹资。

上述融资定律在西方发达国家得到了普遍验证（见表 5.2）：1970～1985

年，美国、英国、德国、加拿大占据第一位的融资方式均是留存收益，分别占本国融资总额的66.9%、72%、55.2%、54.2%。居第二位的均是负债，分别占本国融资总额的41.2%、25%、24%、27.5%。整个西方七国，股票融资均居末位。股票市场最发达的美国，股权融资所占比例最低。事实上，20世纪80年代中期之后，由于股票回购的大幅度飙升，美国新股发行数量不断向负方向增长。仅在1988年，股票回购达1180亿~1300亿美元，远远大于400亿美元的新股发行，这一数量是整个70年代新筹集股本净额的2倍还要多。从1994年之后，美国企业实际上已经普遍停止了通过发行股票来融资的方式，而是大量回购公司的股份，即1994年以后，发行股票已经成为美国非金融公司的资金负来源（见表5.3、表5.4、表5.5）。

表5.2　　　　　　　　　　1970~1985年发达国家融资结构　　　　　　　单位:%

项目	加拿大	法国	德国	意大利	日本	英国	美国
留存收益	54.2	44.1	55.2	38.5	33.7	72.0	66.9
资本转让	0.0	1.4	6.7	5.7	0.0	2.9	0.0
短期证券	1.4	0.0	0.0	0.1	NA	2.3	1.4
银行贷款	12.8	41.5	21.1	38.6	10.7	21.4	23.1
商业信贷	8.6	4.7	2.2	0.0	18.3	2.8	8.4
公司债券	6.1	2.3	0.7	2.4	3.1	0.8	9.7
股票	11.9	10.6	2.1	10.8	3.5	4.9	0.8
其他	4.1	0.0	11.9	1.6	0.7	2.2	-6.1
统计误差	0.8	-4.7	0.0	2.3	NA	-9.4	-4.1
总计	99.9	99.9	99.9	99.9	100.0	99.9	100.1

资料来源：Mayer. Myths of the West ［R］. World Bank, Policy Research Department, 1989.

表5.3　　　　　　　　　　1992~1996年美国股票的发行净额　　　　　　　单位：亿美元

项目	1992年	1993年	1994年	1995年	1996年
股票净发行	1034	1299	233	-190	-216
非金融公司	270	213	-449	-742	-826
金融部门	440	452	201	45	33
国外	324	634	481	507	578

资料来源：李扬. 我国资本市场若干问题研究 ［N］. 中国证券报, 1997 - 12 - 15.

表 5.4　　　　　　**美国企业不同类型资金占总资本来源的比例**　　　单位:%

时间	总债务	长期负债	短期负债	内部积累	发行新股
1901～1912 年	31	23	8	55	14
1913～1922 年	29	12	17	60	11
1923～1929 年	26	22	4	55	19
1930～1939 年	—	—	—	114	19
1940～1945 年	15	—	20	80	3
1946～1959 年	30	16	14	64	5
1960～1969 年	36	18	18	62	2
1970～1979 年	45	21	24	52	3

注:"—"表示负数。

资料来源:Singh A, Hamid J. Corporate Financial Structures in Developing Countries. Technical Paper 1 [R]. Washington, D. C. : International Finance Corporation, 1992.

表 5.5　　　　　　**1979～1992 年美国非金融企业的融资结构**　　　单位:%

年份	内源融资	外源融资	
		新增借款	新发行股票
1979	79	18	3
1980	65	31	4
1981	66	37	−3
1982	80	18	2
1983	74	20	6
1984	71	45	−16
1985	83	36	−19
1986	77	41	−18
1987	79	37	−16
1988	80	46	−26
1989	79	45	−24
1990	77	36	−13
1991	97	−1	4
1992	86	9	5

资料来源:方晓霞. 中国企业融资:制度变迁与行为分析 [M]. 北京:北京大学出版社,1999.

　　事实上,以美国为代表的西方国家股资本市场由于上市公司的大量退市与回购,其股权融资能力大打折扣。据标准普尔和彭博数据显示,在 2010 年和 2011 年,美国公司总计回购了约 7080 亿美元的股票,同期美国股市市值增加了 1.27 万亿美元。[①] 标准普尔 500 指数总流通股数从 2010 年的 3320 亿股降低至 2017 年 3060 亿股，而标准普尔 500 的平均每股单价从 2006 年以来的 50.15 美元上升到 107 美元。2017 年底美国联邦企业所得税率从 35% 降至 21%，对美国企业留存海外的利润进行一次性征税。带来大量的海外利润回流。根据已有研究，每 1 美元的利润汇回（repatriation）中，会有 0.79 美元花在股票回购上，0.15 美元花在分红上。1978 年，美国股市有 4622 家境内上市公司，到 1998 年，美国上市公司数量增长到 7322 家，成为美国历史上上市公司数量的巅峰。但此后美国上市公司数量开始逐步萎缩，至 2018 年大幅减少了 40% 多，仅为 4397 家。[②]

国际资本市场上股票的年发行量远远小于债券也间接证明了这一点（见表 5.6）。

表 5.6　　　　　国际资本市场（股票、债券）的年发行量　　　　单位：亿美元

筹资工具	1988 年	1989 年	1990 年	1991 年	1992 年	1993 年	1994 年	1995 年	1996 年
债券	2271	2557	2299	2976	3337	4810	4286	4673	7106
股票	77	81	73	234	235	407	450	410	577

资料来源：孙杰. 货币与金融：金融制度的国际比较［M］. 北京：社会科学文献出版社，1998.

反观我国上市公司，则普遍具有股权融资偏好，表现在融资首选配股或发行；如果不能如愿，则改为具有延迟股权融资特性的可转换债券；不得已才是债务。从表 5.7 可以看出，1999～2018 年，权益性融资的比例一直维持在较高的水平。总体来看，无论是短时间蓬勃向上的牛市，还是长期的大跌不止的大熊市（如 2008 年从 6124 点跌到 1664 点），中国证券市场总是不停地、持续地发新股，[③] 募集资金。并且还在进行上市公司的第二次、第三次、第四次融资与再融资运动。我国上市公司的这种股权融资偏好直接导致了股市畸强债市畸弱，发展比例极不协调。许多研究都得出同样结论：我国上市公司在进行长期融资决策时普遍存在"轻债务重股权"的股权融资偏好（见表 5.7）。

---

① 杨博. 美上市公司 股票回购规模降至三年低点［N］. 中国证券报，2012-05-31.

② 施东辉. 美国上市公司为何越来越少［EB/OL］.［2020-01-23］. https://www.thepaper.cn/newsDetail_forward_5600196.

③ 1998 年，美国总统克林顿曾来上海证交所访问，他为上海证交所成立 8 年已有 800 家上市公司而惊讶，因为美国纽约证交所 100 年的时间里才有 800 家上市公司，而中国沪深上市公司的这个数据还在快速扩大。从 1990 年到 2012 年 3 月，我国上市公司由 11 家发展到 2362 家，总市值达 24.4 万亿元（4 万多亿美元）。

表 5.7　　　　　中国资本市场企业债发行规模与股票发行规模的比较　　单位：亿元

筹资工具	1999 年	2000 年	2001 年	2002 年	2003 年	2004 年	2005 年	2006 年	2007 年	2008 年
债券	72.5	50	140	325	358	326.24	654	995	1719.86	2366.9
股票	873.63	1515.82	1238.14	720.05	665.51	650.53	339.03	2374.5	7814.74	3312.39
筹资工具	2009 年	2010 年	2011 年	2012 年	2013 年	2014 年	2015 年	2016 年	2017 年	2018 年
债券	4834.34	9799.8	7154.43	4542.4	4131.46	8498.26	16361.62	20297.39	15534.98	11377.88
股票	4252.33	3627.03	2485.48	6499.31	4752.3	6961.98	3431.02	5925.7	3730.95	2412.08

资料来源：《中国证券期货统计年鉴》及中国债券信息网。

5.2.2　我国资本市场的定价功能与资源配置功能被严重扭曲

所谓市场的资源配置效率，是指资本市场通过对证券价格的定价，使证券市场的收益率等于厂商和储蓄者的边际收益率，从而使稀缺的储蓄金融资源被配置到有效率的生产性投资上去。可见，将社会资本配置到产出效率高的部门并且有效地利用，是资本市场的核心功能。然而，通过分析可以发现，我国资本市场的定价功能与资源配置功能被严重扭曲，主要体现在：上市公司与上市公司之间资源配置效率低下；上市公司与非上市公司之间的资源配置功能也同样失灵。导致这一现象的原因在于我国资本市场个人投资者比例过大。中证协的数据显示，截至 2020 年 6 月底，A 股个人账户数占 99%，持股市值仅占约 28%；资本市场约 86% 的交易量是由中小投资者贡献。平均持股周期达到半年的中小投资者不足 15%。与之对应，具有资本成本理念的机构投资者所占比重远远偏低。

5.2.2.1　定价功能扭曲导致上市公司与上市公司之间资源配置效率低下

从理论上讲，资源配置的中心问题是价格信号的准确性问题。资本市场能否在上市公司之间合理配置资源，基本条件是股票价格必须反映上市公司效益高低的走向。根据耶鲁大学的罗伯特·希勒（Robert J. Shiller）应用主要股指与红利（反映公司收益水准指针）之间关系验证证券市场资源配置的方法，来对中国证券市场进行检验，结果发现股票指数同红利呈非正相关，甚至表现为一定程度的负相关，并不反映国外成熟股市"股利增加股价上升，股利减少股价下降"的市场效应，即股票价格并不能有效反映上市公司的价值（见表 5.8）。与国外股市普遍以现金股利为主要股利分配方式的情况相反，中国证券市场对送股、配股、派现三类事件引起的累计超常收益率（CAR）依次减小，反映了市场对送股反映良好，而对派现的反应能力较差。

表 5.8　　　　　　　　　　股票指数与上市公司分配状况

项目	1993 年	1994 年	1995 年	1996 年	1997 年	1998 年	1999 年	2000 年
上证指数（点）	833.8	647.9	555.3	917.0	1194.1	1146.7	1366.6	2073.5
指数增长率（%）	6.84	−22.29	−14.29	65.15	30.22	−3.97	19.18	51.73
有股利分配公司数	99	143	162	203	196	174	180	382
占全部公司比率（%）	93.39	83.62	86.17	69.28	51.17	39.73	37.19	66.78

项目	2001 年	2002 年	2003 年	2004 年	2005 年	2006 年	2007 年	2008 年	2009 年
上证指数（点）	1646.0	1357.7	1497.0	1266.5	1161.1	2675.5	5261.6	1820.8	3277.1
指数增长率（%）	−20.62	−17.52	10.27	−15.4	−8.33	130.43	96.66	−65.39	79.98
有股利分配公司数	407	405	423	487	415	444	484	445	479
占全部公司比率（%）	63	56.64	54.23	58.18	49.76	52.73	56.28	51.5	55.6

项目	2010 年	2011 年	2012 年	2013 年	2014 年	2015 年	2016 年	2017 年	2018 年
上证指数（点）	2808.1	2199.4	2269.1	2116.0	3234.7	3539.2	3103.6	3307.2	2494.0
指数增长率（%）	−14.31	−21.68	3.17	−6.75	52.87	9.41	−12.31	6.56	−24.59
有股利分配公司数	509	570	644	667	715	741	914	1139	1115
占全部公司比率（%）	56.94	61.22	67.51	70	71.86	68.55	77.33	81.59	76.9

资料来源：《中国证券期货统计年鉴》及 Wind 数据。

这一研究表明中国证券市场的价格形成机制还不完善，市场价格无法有效引导社会资源向边际效率高的项目有序流动，进而弱化了证券市场的资源配置效能。

A 股市场平均主义严重。在大牛市中，以 2007 年 8 月 24 日收盘价统计，A 股最高价为中国船舶，收盘价为 190.47 元；最低股价为 *ST 沧化，收盘价为 4.93 元。最高价与最低价相差大约 38 倍。深证 A 股最高价为潍紫动力，收盘价为 98.70 元；最低股价为 *ST TCL，收盘价为 5.36 元。最高价与最低价相差大约 18 倍！时至今日，这一问题已经有所改善，但依然没有彻底好转。表 5.9 是截至 2020 年 9 月 1 日每股净资产、每股未分配为负数的部分上市公司收盘价格。当天最高价是贵州茅台的 1802 元。

表 5.9　　　　　　　部分上市公司 2020 年 9 月 1 日的收盘价格　　　　单位：元

股票代码	公司名称	每股净资产	每股未分配	最新价
002210	*ST 飞马	−6.596	−7.937	1.94
002501	*ST 利源	−4.927	−9.736	1.44
002356	*ST 赫美	−3.494	−6.055	1.35
000820	*ST 节能	−3.368	−3.588	1.18
002716	*ST 金贵	−2.032	−4.685	2.12
002071	*ST 长城	−1.560	−1.635	1.67
000835	*ST 长动	−1.224	−2.515	2.11
300268	佳沃股份	−1.160	−4.931	12.72
000687	*ST 华讯	−0.729	−2.898	2.01
002684	*ST 猛狮	−0.654	−5.259	3.85
000927	ST 夏利	−0.532	−2.717	4.08
000587	*ST 金洲	−0.501	−3.825	1.43
000890	*ST 胜尔	−0.363	−1.697	2.64
000673	*ST 当代	−0.278	−3.150	1.69
002076	*ST 雪莱	−0.200	−1.681	2.47
002445	*ST 中南	−0.167	−2.464	2.00
000509	*ST 华塑	−0.127	−1.464	2.28
000707	ST 双环	−0.105	−3.133	2.72
600198	大唐电信	−0.0919	−6.205	13.03
000585	*ST 东电	−0.0776	−2.371	1.47

续表

股票代码	公司名称	每股净资产	每股未分配	最新价
002259	*ST 升达	-0.0639	-1.647	9.51
000422	ST 宜化	-0.0626	-3.832	2.65
000752	*ST 西发	-0.0168	-1.370	3.95
002188	ST 巴士	0.0104	-6.926	3.45
002306	*ST 云网	0.0122	-1.400	2.98
000017	*ST 中华 AB	0.018	-2.280	2.62

资料来源：根据大智慧软件数据整理。

由此看来，深沪市场绩劣公司的市场价值与整个市场的平均市场价值水平的差距并没有拉开。此外，证券市场上存在的炒新现象也非常严重。2019年7月，首批25只科创板新股在上交所上市，合计预计募资近400亿元，平均每家14.81亿元。25股平均发行市盈率为53.40倍，超过50倍的公司多达9只，其中，中微公司发行市盈率高达170.75倍。这些问题的存在不仅使股价结构不合理，对投资者的利益造成了严重损害，而且使得A股市场的资源配置功能无从体现。

5.2.2.2 上市公司与非上市公司之间的资源配置功能也同样失灵

相对非上市公司而言，上市公司总体来说其融资便利优势程度和经营环境应是大大高于非上市公司的。但通过两者的经营业绩比较，上市公司的业绩持续增长能力甚至还低于国有企业的平均水平。自1993年以来我国上市公司的净资产收益率逐年上升，但与GDP的增长并未有显著的优势，甚至在一些年份是低于GDP增长率的。表5.10显示了中国上市公司净资产收益率与GDP增长率的比较。

表5.10　1995～2018年中国上市公司净资产收益率与GDP增长率的比较　单位：%

项目	1995年	1996年	1997年	1998年	1999年	2000年	2001年	2002年
净收益率	10.8	9.6	9.7	7.5	8.2	7.6	5.4	5.7
GDP 增长率	1.5	9.6	8.8	7.8	7.1	8.0	7.3	9.1
项目	2003年	2004年	2005年	2006年	2007年	2008年	2009年	2010年
净收益率	7.4	9.1	9.2	10.2	14.7	11.4	13	14.4
GDP 增长率	10	10.1	11.3	12.7	14.2	9.6	9.2	10.4

续表

项目	2011 年	2012 年	2013 年	2014 年	2015 年	2016 年	2017 年	2018 年
净收益率	10.8	13.4	11.4	10.9	13	9.1	8.4	6.5
GDP 增长率	9.2	7.9	7.8	7.4	7.0	6.9	7.0	6.8

资料来源：各年中国证券期货统计年鉴。

以上数据表明，我国上市公司虽然有上市融资的机会，但与非上市公司相比并不具有更加明显的业绩优势。

5.2.3　我国资本市场的激励约束功能有待于进一步完善

资本市场的激励约束功能实际上是指资本市场对上市公司管理层提供激励约束机制。在功能健全的资本市场中，必然有精心设计的激励约束机制，协调股东和公司管理层之间的矛盾，使两者利益趋向一致，达成追求股东价值最大化的目标。[1]

目前，在我国上市公司治理中，对于管理人员的激励上表现出两种偏向：一种是不能恰当地估计和承认管理人员的贡献，引发了消极怠工，甚至导致优秀企业家流失，这实际上是激励不足；但绝大多数的时候是另一种偏向，即管理人员自我激励泛滥。[2] 这两种偏向表明，迄今为止，我国资本市场目前还不能对公司管理层提供完全有效的激励约束。

5.3　资本成本缺位是我国资本市场功能缺陷的深层次原因

本节在对探讨我国资本市场功能缺陷原因的相关文献综述介绍后，提出资本成本的缺位是我国资本市场的功能缺陷的深层次原因。

---

[1] 在博迪与默顿看来，激励问题实际就是股份制公司的委托代理问题。参见兹维·博迪，罗伯特·C. 莫顿. 金融学［M］. 中国人民大学出版社，2000.

[2] 这种经理的自我激励的泛滥主要表现在两个方面：一方面是利用非法手段侵占企业利润，侵吞公司资产；另一方面是肆无忌惮地扩大"个人消费账户"的规模，追求奢侈、豪华，甚至堕落的所谓在职消费。

5.3.1 探讨我国资本市场功能缺陷原因的相关文献

从 2.1 节的综述中我们可以发现，国外学者对资本市场的研究主要从微观（市场）角度出发，探讨制约资本市场效率（价格在多大程度上反映信息）实现的因素，以及如何完善市场，从而实现效率目标。他们的分析很少涉及资本市场的功能缺陷。少数涉及对资本市场功能缺陷的研究则主要研究"金融市场失效"（failure of financial markets）问题，"当市场不能提供一种帕累托有效产出时市场就失效了"，而导致金融市场失效的原因除了由于逆向选择以外还"包括不完全竞争，外部性和交易成本"。至于对我国资本市场的功能缺陷研究，由于是新兴市场，未见到国外有关权威文献的讨论。笔者能查到的有关文献有：莫迪格利安尼在 1994 年回答高小勇提出的中国企业如何进行股份制改造时指出，"我认为关键的问题是，你们是否要采用公众公司的形式"。"因为，假如有一小组声称要建立一个公众公司，即要广泛发行股票，还有一组人认为应主要向管理小组内的成员发行，而支持后者的人基本上都认为公众公司存在着管理权分散的弱点。这样，如果公司原来的经营管理状况不佳，你就很难取缔或改变他们，于是就丧失了股份化的重要意义之一"。"如果你想改变的话，公众公司就可能不是个好的办法。你们应该使改变管理的同盟更容易形成，而公众公司可能会使同盟更难形成"。萨谬尔森则指出："中国目前最需要的，不是纽约证券交易所、芝加哥商品交易所一类的组织。从基础的农业开始，引导人们追求其利益或利润，这将比建立一个有组织的市场，进行股票、债券交易，进行担保和买进卖出等重要得多。"

国内学者也对此做了大量深入的研究。

曹凤岐（2011）、周天勇（2011）、吴晓求（2005）、吴敬琏（2004）、韩志国（2004）和易宪容（2004）等认为，我国资本市场从建立之日起就将资本市场的功能定位于为国有企业融资，忽视了资本市场配置资源的核心功能并由此产生了上述严重问题；代表人物包括吴晓求（2005）、吴敬琏（2004）、韩志国（2002）、曹凤岐（2011）、王雄元、严艳（2003）。

刘纪鹏（2011）、赵晓（2011）、王国刚（2003）、张维迎（2002）等则将上述现象的出现归因于资本市场监管出现偏差，认为缺乏维护小股东利益的核心制度才是造成股市持续低迷的深层次原因。

宋逢明（2010）则认为，中国股票市场根本性的问题是没有形成一个理性的定价体系。

王国刚（2004）认为，忽视发展债券市场，导致市场无法实现规范化。张宗新（2002）认为，中国证券市场低效率问题的根源，在于证券市场的制度性缺陷。聂桂平（2002）认为，我国资本市场问题的症结在于高度垄断和层次单一性。吴晓求（2014）认为，中国资本市场结构的不平衡损害了市场效率，大大降低了资本市场的财富管理功能，不利于企业优化资本结构。朱建明、李贵强（2014）认为，我国资本市场功能存在融资功能过于突出以及定价与资源配置、投资与风险管理等其他功能明显不足的特点，导致我国资本市场功能未能全面发挥、整体效率不高。辜胜阻、庄芹芹、曹誉波（2016）认为，市场结构与企业构成未能有效匹配、实体经济间接融资占比过高等问题影响我国资本市场效率的提高。

曹凤岐（2015）、杨高宇（2013）认为，我国资本市场的发行制度、交易制度、分红制度、信息披露制度、退市制度、监管制度中存在的一系列制度缺陷是造成我国资本市场功能缺陷的根本原因，解决我国资本市场根本问题是要解决制度缺陷问题。王慧（2015）、庄磊（2014）、刘源（2017）认为，我国资本市场退市标准不够严密、退市机制不够完善，上市和退市制度都存在缺陷，胡双发（2019）认为，我国新股发行制度在实际操作中也存在公司新老股东持股成本差距过大等问题，导致我国资本市场功能不能完全发挥。赵万明（2016）认为，我国股票市场除了存在杠杆工具泛滥、风险预案缺失、股指期货做空交易制度方面缺陷的问题，还存在监管法规缺失、监管主体缺位的问题，孟彬（2017）、李寿喜、汤鸯平（2018）也同样认为，法律制度与惩戒手段不健全，顶层设计和立法规范缺失是我国资本市场法律制度存在的主要缺陷。

衡硕（2018）、屈秋月（2012）等认为，市场操纵行为造成了我国资本市场效率低下；衡硕（2018）认为，市场操纵行为对我国股票市场的发展造成了巨大的危害。屈秋月（2012）认为，融资功能不足与异化、非流通股未通过市场定价、股价操纵等资产定价功能缺陷是我国资本市场功能缺陷的主要体现。何问陶、黄建欢、段西军（2006）认为，转轨时期政府管制的不配套不完善，或者说伴随着重大制度缺陷的制度垄断导致了大规模的寻租行为。

石志恒（2004）、喻思慧（2016）等认为，指数编制缺陷影响了我国资本市场功能的发挥；石志恒、王亚亭、王莹（2004）认为，我国股票市场存在单一片面强调筹资功能、指数虚假程度严重等问题。喻思慧（2016）认为，现有的上证综指指数不能有效行使表征市场的基准功能，这种缺陷加大了我国股票市场的系统风险。

王喆（2018）认为，我国资本市场配置效率低下的原因在于信息披露不足；由于我国中小板上市公司会计信息披露的缺陷，造成了资本市场发展滞后、资源配置效率低下。

鲁桂华（2018）认为，上市资格管制也是影响资本市场功能发挥的因素之一；鲁桂华（2018）认为，我国资本市场中上市资格管制行为会导致 IPO 公司的利润操纵行为，且在该管制下成功上市的企业不能保证选出质量好的上市公司而多为利润操纵程度更高的公司。另外利润操纵行为还会造成股票价格的高估以及股价向实际价值的回归。

易宪容（2004）认为，在于没有建立起符合市场法则的公理体系；易宪容（2004）从市场法则的角度指出，国内资本市场根本的危机在于没有建立起符合市场法则的公理体系。

韩志国（2003）、刘义圣（2005）从新制度经济学的视角认为资本市场的制度缺陷"本质的根源可以归结为产权问题"；韩志国（2003）、刘义圣（2003）从新制度经济学的视角认为资本市场的制度缺陷"本质的根源可以归结为产权问题"。章美锦、万解秋（2008）认为，产权制度的不健全和企业制度的缺陷，使资本市场的发展必然出现功能扭曲和变形，从而影响了市场的作用和效率。

吴晓求（2004）、李振宁（2003）等认为，股权分置问题严重影响了资本市场功能的发挥。

此外，股改前许多学者都认为股权分置问题严重影响了资本市场功能的发挥，阻碍了市场效率的提高。2003 年 10 月 30 日，中国证监会规划委主任李青原在"中国改革论坛"上就表示，"股权割裂的制度设计严重影响了资本市场的发展，这个问题不解决，做任何事情都走不动"。吴晓求（2004）、李振宁（2003）、闽志慧（2003）、李燕等（2002）、冯远春（2002）等都持这种观点。

5.3.2 资本成本缺位是我国资本市场功能缺陷的深层次原因

本书运用系统论中要素、结构和功能相互关系的原理，通过对国内学者研究成果的扬弃，认为资本成本的缺位是我国资本市场功能缺陷的深层次制度因素。

5.3.2.1 对国内相关文献的简要点评

上述研究并不能令人十分满意：它们要么被证明已经过时，例如"股权分置及全流通"问题已经得到解决，但资本市场存在的功能缺陷依旧存在，况且国外上市公司中也大量存在不能上市流通的优先股；要么比较片面，例如几乎所有东南亚国家资本市场上市公司产权都是清晰的，但都达不到美国资本市场的效率水平；要么逻辑关系不够明确，例如"缺乏符合市场法则的公理体系"的观点没有明确提出从市场公理体系到资本市场功能缺陷的逻辑递进关系；要么缺乏可操作性：如果认为根源在于"综合因素的结果"，那么对我国资本市场功能缺陷的制度原因探讨必然将是一个十分繁杂的巨大工程，相应的根治措施也就会缺乏可操作性。在上述研究成果中较为具体而准确的观点，例如制度性缺陷、过于向融资倾斜、缺乏理性的定价体系等，已经基本接近市场的真相，但这些观点是分散的、各自独立的，缺乏一个提纲挈领的领军思路。

基于上述分析，本书从强化资本约束出发，通过提出资本成本产权这一概念以及探讨资本成本产权在资本市场融资功能、定价功能、资源配置功能和激励约束功能中的作用，认为资本成本产权的缺位才是我国资本市场功能缺陷的根本原因。

本书所要剖析的资本市场深层次制度缺陷就是资本成本的缺位。从这个意义上讲，笔者并不同意通过简单的"constitution"制度建设来完善资本市场功能的意见，这是本书与其他"制度缺陷"派观点最大的不同。

5.3.2.2 系统论对探讨我国资本市场的功能缺陷深层次原因的启示

在系统论中，通常把系统定义为：由若干要素以一定结构形式联结构成的具有某种功能的有机整体。在这个整体中，系统的各要素构成一定的结构，结构表征系统构造形式的特征，功能是系统诸要素在一定结构中形成的效应表征系统的行为。系统的要素、系统的结构和系统的功能之间的关系如图 5.1 所示。

图 5.1 系统的要素、结构和功能关系

图 5.1 可知，结构是系统内容各要素相互作用的秩序，功能则是系统对外界作用过程的秩序，系统的结构和功能通过随机的但又必然的涨落过程相互影响，彼此调整，从而达到结构与功能的统一。需要指出的是，在系统论原理中，"结构"是制度因素，"要素"更是制度因素，而且"要素"这一因素更为根本，也往往最容易被人忽视。

系统论的整体观告诉我们，系统的功能不等于部分功能的简单相加，而是往往大于各个部分功能之和，即"整体功能大于部分功能之和"。这里的"大于"不只是一个数量概念，而是指在各个部分组成一个系统后，就产生一种在部分中不存在的整体功能，这种整体功能是一种质变。只有这样才能体现出系统存在的价值和意义。

5.3.2.3　资本成本是影响我国资本市场的功能的深层次原因

借助于系统论中的整体观，本书认为，单纯的资本市场的框架结构建设只是一项系统工程的部分结构而已。资本市场要发挥其应有功能必须要有其他结构部分的配合。这个其他结构部分，就是同属金融学的现代公司财务理论。① 资本市场框架与现代公司财务理论共同构成整体系统的结构。

因此，资本市场的建设不是一个单纯的市场运行结构建设问题。它的正常运行，是有与之相匹配的公司财务理论做其"灵魂"和指导思想的。在这个匹配关系中，公司财务理论相当于"体"；资本市场架构相当于"用"。换言之，现代资本市场框架架构与现代公司财务理论是一个不可分割的整体，资本市场的建设应该放到一个更大的系统中来考虑。因此，对我国资本市场宏观层面的制度分析和政策研究固然重要，但是借助公司财务理论对价格行为、投资者行为以及上市公司行为进行深入分析，才是剖析资本市场功能缺陷深层次原因的微观基础所在。只有在现代财务理念的约束下，资本市场作为一个有机整体系统才能发挥其应有功能，才能处于有序、稳定、健康、高效的运行状态。

另外，系统中的结构又是由系统内的深层次要素所决定。这就提示我们应该从更深的层次看影响资本市场功能的根本原因。资本成本这一概念是现

---

① 自从 MM 定理后，原本无关的投资学与公司财务学就成为密不可分的一个金融学整体了，甚至金融学与财务学使用的是同一个单词——finance。再从美国历届金融学诺贝尔奖得主莫迪利安尼 、米勒以及罗斯和法玛等著名金融学家对于金融学的研究方法和学术成就来看，都是把资本市场理论和公司财务理论作为一个整体来研究的。

代金融学理论的核心，是公司金融学和资产定价理论以及公司财务决策与资本市场的交汇处。如果我们把现代公司财务理论和资本市场架构看作一个整体系统，那么资本成本就是这个系统中一个决定一切投融资决策优劣、进而影响整体系统功能的核心要素。因此，本书并未笼统地探讨公司财务理论对资本市场发挥功能的作用，而是以资本成本为切入点具体探讨资本市场功能缺陷的深层次原因。

第6章 资本成本是我国上市公司融资偏好正常化的必要条件

资本市场最重要的功能就是投融资功能。资本市场一方面为资金需求者提供了通过发行证券筹集资金的机会；另一方面为资金供给者提供了投资对象。投资和融资是资本市场基本功能不可分割的两个方面，忽视其中任何一个方面都会导致市场的严重缺陷。但是我国资本市场长期以来就是以股权融资作为自己的历史使命。资本市场超强的股权融资功能与上市公司的股权融资偏好实际上是同一个命题。本章通过建立一个数理模型定量剖析了资本成本的产权约束对上市公司债权融资偏好的必要性，从而证明了资本成本缺位是资本市场超强股权融资功能的根源。

6.1 资本结构理论文献综述

公司的融资偏好实际上研究的是公司的资本结构问题。本节对国内外资本结构理论的研究和探讨做一简单的回顾。

6.1.1 西方资本结构理论综述

资本结构（capital structure），是指公司取得长期资金的各项来源、组合及其相互关系。公司的长期资金来源一般包括权益资本和长期负债，因此，资本结构主要指这两者的组合和相互关系。资本结构理论主要研究公司资本结构与公司价值的关系，并探讨最优资本结构的存在和确定问题。

资本结构理论20世纪产生于西方，大体可以分为三个时期：一是以杜兰特为主的早期公司融资理论时期。二是以MM理论为中心的现代公司融资理论时期，此学派主要有两个分支：一支是税差学派，主要研究公司所得税、个人所得税和资本利得税之间的税差与公司融资结构的关系；另一支是破产成本学派，这两个分支最后再归结形成平衡理论，主要研究公司最优融资结构取决于各种税收收益与破产成本之间的平衡。在第三个时期，即自 20 世纪 70 年代以来，随着信息经济学的发展，诸多学者开始从不对称信息的角度对公司融资问题进行研究，提出了包括信号理论、新优序理论、激励理论和控制权理论等在内的一系列理论，形成了较为完整的理论体系。

6.1.1.1　早期资本结构理论

1952 年，杜兰德（Durand）在美国经济研究局召开的企业理财研究学术会议上系统地总结出资本结构的三种理论：净收益理论、净营业收益理论和介于两者之间的传统折衷理论，成为早期资本结构理论的正式开端之一。净收益理论认为，在资本结构中，企业的债务越多，企业的价值就越高。因此，企业应使用几乎 100% 的债务资本。净营业收益理论认为，资本结构与企业的价值无关，企业价值高低的真正要素是企业的净收入，也就是说，不论企业的财务杠杆程度如何，其整体的资本成本不变，企业的价值也不受资本结构的影响，这也暗示着没有一个资本结构是最优的。传统折衷理论认为，债务增加对企业价值提高是有利的，但必须适度。如果公司负债过度，由于债权融资和股权融资都要求较高的报酬率而会使资本成本提高，故报酬率达到一定程度就会使企业的价值下降。在早期的资本结构理论中，传统折衷理论看起来比较符合实际情况。但是，它是凭经验而非缜密的数字推导出来的，在理论上缺乏行为意义和实证支持，在经济理论界并没有得到认可和进一步研究。

6.1.1.2　现代资本结构理论

1. MM 定理。

1958 年，莫迪利安尼和米勒提出了融资结构理论发展史上经典的 MM 定理，标志着现代资本结构理论的创立。该定理认为，在完善的市场中，企业的融资结构选择与企业的市场价值无关。该定理的提出引起了很大反响，被认为是现代企业融资结构理论的基石。

（1）无公司税的 MM 理论。

1958 年 6 月，莫迪利安尼和米勒运用无套利定价的方法推导出了著名的

MM 定理，创建了现代资本结构理论。它通过严格的数学推导，证明在不考虑公司所得税，且企业经营风险相同而只有资本结构不同时，公司的资本结构与公司的市场价值无关。故该理论又称为资本结构无关论。由于这一理论有严格的假设条件，即在没有企业和个人所得税、没有企业破产风险、资本市场充分有效运作等假设条件下建立的，所以这个模型不完全真实，但它为分析研究资本结构理论问题提供了一个有用的起点和框架。

（2）修正的 MM 定理。

MM 理论在受到实践的挑战后，于 1963 年做了修正，将企业所得税的影响引入分析中，从而得出有公司税时 MM 理论的结论（修正的 MM 定理）：负债会因为赋税节余而增加企业价值，负债越多，企业价值越大。该结论将债权融资放在了企业融资的优先位置上，即先债务融资，后股权融资。

（3）米勒模型。

1977 年，米勒建立了一个包括公司所得税和个人所得税在内的模型，认为最佳资本结构受企业所得税和个人所得税变动的影响：当企业所得税提高，资金会从股票转移到债券以获得节税效益，此时企业的负债率提高；如果个人所得税提高，并且股利收入的税率低于债券利息收入的税率，资金会从债券转移到股票，此时企业的负债率降低。

实际上米勒模型与 MM 理论修正模型的结论大体上是一致的，都认为企业的负债率越高越好，即都将债权融资放在企业融资的优先位置上。

MM 资本结构理论深刻揭示了资本结构与企业价值的内在联系，试图通过资本结构的表面现象，寻找出资本结构的内在本质，从而寻求资本结构的规律。随着 MM 定理的不断修正与完善，资本结构理论逐步完成了从传统观点向现代理论的过渡，这是资本结构理论史一次质的飞跃。韦斯腾将它比喻为："MM 定理对财务经济学的影响可以与凯恩斯对宏观经济学影响相比较。"

2. 平衡理论（又称权衡理论）。

在 MM 定理中，负债的纳税节约被看作影响公司资本结构的主要因素，研究者也只看到负债带来的纳税节约，忽视了其相应的风险和成本。此后法萝（Farrar，1967）、布伦南（Brennan，1978）等主要研究公司所得税、个人所得税和资本利得税之间的税差与公司融资结构的关系，形成了税差学派。

奥尔特曼（Altman，1968）等主要研究破产成本对公司融资结构的影响问题，形成了破产成本学派。

梅耶（Myers，1977）将风险负债引入理论研究中，提出了平衡理论

（Trade－off Model）。这里所指的平衡是指"在负债的税收收益与破产成本现值之间进行平衡"。平衡理论又可分为平衡理论和后平衡理论。其代表人物包括梅耶（Myers，1984）、克劳斯（Kraus，1973）、鲁宾斯坦（Rubinmstein，1973）、戴蒙德（Diamond，1984）等。

平衡理论认为，负债虽然带来了利息减税的好处，同时也增加了财务风险，一旦负债超过合理限度，财务危机成本的出现将抵消负债带来的利息减税好处，最后导致公司价值随负债/权益比率的上升而下降。因此，理想的债务与股权比率应是税前付息的好处与破产和代理成本之间的平衡。

6.1.1.3 以信息不对称理论为中心的新资本结构理论

以 MM 定理为中心的现代资本结构理论，发展到平衡理论之后达到了顶峰。到了 20 世纪 70 年代后期，随着委托代理理论、契约理论、信息经济学等现代企业理论的研究方法和工具进入企业金融理论的研究当中，资本结构研究的外延扩大到不完全竞争的资本市场，这期间资本结构理论发生了重大变化，更多地考虑了现实经济中的市场缺陷、交易成本和信息的不对称。这样，以信息不对称理论为中心的新资本结构理论，开始取代传统资本结构理论登上金融经济学的正式舞台。新资本结构摆脱了过去只重视税收、破产等外部因素对企业最优资本结构的影响，试图通过信息不对称理论中的"信号""动机""激励"等概念，从企业内部因素来展开对资本结构问题的分析，将早期和现代企业资本结构理论中的平衡问题转化为结构或制度设计问题，为企业资本结构理论研究开辟了新的研究方向。

现代资本结构理论主要包括委托代理理论（principal－agent theory）、优序融资理论（pecking order theory）、信号传递理论（signaling theory）、控制权理论（control－based theory）等内容。这些理论从不同的侧面反映了信息不对称条件下企业资本结构对企业行为及其绩效的影响，为企业的融资活动提供了理论指南。

1. 代理成本理论。

代理成本理论通过研究资本结构安排对所有权与管理权分离下的企业经营者与股东以及股东与债权人之间代理成本的影响，寻求最佳的资本结构。它是由杰森和麦克林（Jesen and Meckling）于 1976 年提出的，他们提出了两类利益冲突：股东和经理之间的利益冲突及股东和债权人之间的利益冲突。由于经营者只是拥有企业部分股权，具有偷懒和谋取私利的动机，会产生股权代理成本。债权融资一方面可以在企业投资不变的情况下相对增大经营者股权比例，减少股权代理成本；另一方面在债权融资情况下，由于股东有限责任和债权固定收益的影响，股东会更偏好投资高风险，让债权人承担最后的风险，理性的债权人预测到这一状况后会提高借债成本。因此，债权融资比例上升会引起股权代理成本的减少，但也同时促使了债权代理成本的增加。因此，企业的最优资本结构是使两种融资方式的边际代理成本相等从而总代理成本最小。

2. 信号理论。

在委托代理关系中会由于信息不对称而产生逆向选择（adverse selection）问题。所谓逆向选择就是代理人在交易中总是趋向于做出有利于自己而不利于委托人的选择，委托人在不知情的情况下，只有按平均价格支付。双方相互博弈的结果是，差的商品总是将好的商品驱逐出市场，从而难以实现帕累托最优。其解决方式之一是，为了显示自己的类型，代理人选择某种信号，委托人观测到信号之后与代理人签订合同，这就是信号传递（signalling）。1977 年罗斯提出了公司资本结构的信号传递理论，将不对称信息引入资本结构分析框架中。罗斯保留了完全信息以外的所有假定，而假设经营者了解企业内部的经营活动及企业的未来风险和投资收益而外部投资者并不了解，因此，企业的经营者和投资者面临着较为典型的不对称信息环境，投资者只有通过经营者输出的信号间接地了解和判断企业市场价值。也就是说，不同的资本结构向资本市场传递着不同的企业价值信号：当公司前景看好且股价被低估时，会倾向使用举债融资；当公司前景看淡而股价较高时，会倾向采用权益融资。在这一逻辑中，负债比例是高质量的公司用来与低质量公司相区别的显示信号：高质量的公司能够承受高比例负债融资所带来的还本付息的压力，而低质量的公司则无法承受。因此，高质量的公司其负债融资的比例相对较高，低质量的公司其负债融资的比例相对较低。因此，投资者一般认为，债务比例的提高是一个积极的信号，传递经营者预期企业将有更好的业绩的信息，因为在破产成本处罚的压力下，低绩效企业经营者不敢仿效高绩效企业过多的增加债务。因此，企业资本结构传递了企业价值的信息，外部投资者把较高的负债比视为一个高质量的信号，即企业市场价值和债务比例正相关。

3. 优序融资理论（也称强弱顺序理论、融资顺序理论、啄食顺序理论）。

在罗斯信号理论的研究基础上，梅耶和麦克卢夫（Myers and Majluf，1984）吸收权衡理论、代理理论以及信号传递理论的研究成果，提出了优序融资理论（pecking‐order）。该理论认为，在信息不对称条件下，企业内部经营者比外部投资者更了解企业投资和收益的情况。如果投资项目有很好的获利前景，作为代表老股东利益的经营者不愿发行新股以免新项目的投资收益转让给新股东。在投资者预期到经营者的上述思维模式后，会将发行新股当作不利信号，认为其前景不佳，因而新股发行会使股价下跌，此时债权融资要优于股权融资。另外，多发行债券又使企业受到财务风险成本增加的制约。因此，企业最为稳妥的融资选择是保留盈余进行内部融资。这样不仅可以避免外部融资所造成的企业价值下跌，而且可以确保原有股东的利益。在企业保留盈余不足以满足项目投资的资金需要的情况下，企业外部融资的最优选择应当债务融资，直到因债务融资导致企业可能发生财务危机时，才最后考虑发行股票。

4. 控制权理论。

控制权理论是从剩余控制权的角度研究资本结构与企业价值的关系。20世纪 80 年代后期，有关资本结构的研究重点转向探讨公司控制权市场与资本结构的关系。由于普通股有投票权而债务则没有，因此资本结构必然影响企业控制权。这一领域突出的研究成果有以下五个。

（1）阿吉翁和博尔顿（Aghion and Bolton）模型。阿吉翁和博尔顿的模型集中讨论了债务契约中的破产机制。其结论是：资本结构的选择就是控制权在不同证券持有者之间的分配，最优负债比率是当企业破产时其控制权能够顺利从股东转移给债权人的负债比率。这是由企业家与外部投资者的目标差异所决定的。这样，利用与破产机制密切相关的债务契约优化资本结构，以实现控制权的适时转移，就显得尤为必要。

（2）哈里斯和拉维夫（Harris and Raviv）控制权模型。哈里斯和拉维夫考察了经理人员持股、资本结构与接管市场之间的关系，得到以下结论：一般而言，代理权之争需要负债，而确保公司不被接管则需要更多的负债，因此，被收购目标通常会提高其负债率。

（3）斯图尔兹（Stulz）控制权模型。斯图尔兹模型重点研究了股东通过改变在任经理人员持股比例进而影响接管活动的能力上。依据斯图尔兹的观点，与非接管目标相比，面临敌意收购的企业将有意识提高其负债水平。

（4）伊色勒（Israel）模型。与斯图尔兹的观点一致，伊色勒认为，如果接管发生，增加负债将增加目标企业股东的收益，同时，负债增加又会降低企业被接管的可能性。一般而言，在接管得以实施的条件下，负债数量越多，收购企业支付的价格就越高，但收购企业股东获得的收益份额反而越小，目标企业股东所得却越多。

（5）基于产品/投入市场相互作用的资本结构理论。提曼（Titman，1984）、波瑞德和刘易斯（Brander and Lewis，1986）还研究了产品市场对企业融资和资本结构的影响，认为产品市场差异也会导致企业资本结构和融资的差异。

6.1.2 国内对于上市公司融资次序的研究

对于我国上市公司融资次序影响因素的问题，国内学者也进行了大量研究。

6.1.2.1 对融资次序影响因素的研究

李斌和孙月静（2011）对融资次序的问题分别进行了理论分析和实证检验，最终得出，融资风险、融资成本、公司规模、企业性质、资本结构、公司信誉、资产流动性、信息对称性、获利能力、成长机会以及收入流动性都是影响我国上市公司融资顺序的重要因素。张敏（2013）基于 Ordered - probit 模型分析发现，内源融资的选择与上市公司的制度环境呈正相关。刘一鸣（2014）认为影响融资次序的因素有企业规模、获利能力、资产担保价值以及交易成本。周显异等（2015）应用因子分析和二元 Logit 模型，对影响我国上市公司融资顺序的因素进行了分析，研究得出，股权集中度正向影响内源融资，长期负债比例反向影响内源融资，偿债能力和营运能力正向影响债务融资，成长性正向影响股权融资。张萌（2016）选择中小板上市公司为研究对象，构建 Ordered - logistic 模型，分析发现企业融资偏好的影响因素包括企业盈利能力、成长能力以及企业规模。季永甜（2017）研究发现，上市公司由于行业的不同会有不同的融资偏好，信息技术行业偏好股权融资、能源行业和房地产行业倾向于债权融资、医疗行业和消费品行业则具有内源融资偏好。

6.1.2.2 对股权融资偏好的研究

张人骥（1995）以上海交易所 66 家上市公司作为研究样本，分析了

1992 年与 1993 年上市公司的融资结构状况，发现上市公司严重依赖外部融资，内部融资所占比例平均不超过 5% 。在外部融资时又明显偏好股权融资，债务融资来源不超过股权融资的 70% 。屠倩影（2013）认为存在股权融资偏好，但是内源融资和债务融资比例逐渐上升。李宇笑（2015）的研究对象为中小板上市公司，研究期间为 2010～2014 年，使用的是修正的 Myers 模型，研究结论为：股权融资 ＞ 短期债权融资 ＞ 长期债权融资 ＞ 内源融资。郑陈晖（2018）以我国 A 股市场为样本，唐华（2019）以创业板公司为样本，均研究发现了我国上市公司的股权融资偏好。

对于股权融资偏好的原因，国内学者从各个角度做了许多研究工作，主要有以下十一点原因。

1. 股权融资成本低。

较多学者从比较股权融资和债权融资成本这一思路研究是否存在股权融资偏好，他们认为，相对于债务融资成本，股权融资成本极低，几乎成为免费资金。方晓霞（1999）、高晓红（2000）、王佩（2001）、黄少安、张岗（2001）、阎达五等（2001）、国信证券课题组（2002）、李建中（2002）、杜丐（2002）、王尧基（2002）、刘文鹏（2002）、万朝领等（2002）、黄贵海等（2002）、余明江（2004）、何丹等（2006）、刘涛（2011）、郑敏钰（2015）、柴晓星（2010）和王振山等（2018）都发现上市公司明显偏好股权融资。学者们较早的研究中主要通过直接计算对比的方式，分别推导计算出股权融资和债务融资的成本，比较后发现，股权融资的成本相对较低。何丹和朱建军（2006）、钟卫东和黄少安（2012）则对融资成本的定义进行了拓展，提出并论证了股权融资成本软约束假说，在此基础上，这些学者重新计算了控股股东的融资成本，发现股权融资成本远远低于债务融资成本。余峰（2010）则认为股权融资成本相对较低，证券市场发展不均衡以及高溢价资本收益是我国上市公司偏好股权融资的一个原因。王振山和王秉阳（2018）认为权益成本过低是股权融资偏好的重要决定因素。

对于股权融资偏好是否缘于股权融资成本低的问题，也有学者发表了不同的观点，沈艺峰和田静（1999）对我国上市公司资本成本的研究结果表明，我国上市公司的股权融资成本显著高于债权融资成本。赵祎（2002）以上市公司"五粮液"为例，论证得出股权融资成本更高。陆正飞、叶康涛（2004）的研究发现上市公司股权融资概率和股权融资成本正相关，并不支持"上市公司股权融资偏好行为主要源于股权融资成本偏低"的假说。陈文和王飞（2013）通过构建债务融资约束模型，得出以下结论：负债能力受限于净资产规模的上市公司需要进行股权融资以提高负债能力，过低的债务融资成本催生了中国上市公司的股权融资偏好。这部分研究都是在详细地比较各种融资方式的成本后，认为配股增发的成本较高，成本因素不是导致融资偏好的原因。

2. 股权结构方面的原因。

以股权结构为角度进行研究的学者主要有：冯根福等（2000）对影响我国上市公司融资结构的因素进行实证分析并发现，股权结构是企业股权融资偏好行为的重要影响因素。苏醒、谭晓琢（2001）认为我国上市公司分割的股权结构决定了股权融资偏好。郑江淮、何旭强和王华（2001）发现国有股比重与股权融资比重成反比。就从非流通股股东的角度进行的研究而言，黄贵海、宋敏（2002）指出，当中国上市公司大股东持股不能流通时，如果能以高于每股净资产的价格发行新股或配股，大股东将由于每股净资产的提高而从中受益。李志文等（2003a、2003b）认为大股东持股比例越高，则越有可能进行配股圈钱。杨华（2004）认为非流通大股东及大股东更倾向于使用股权融资获得资本溢价或代理收益。张祥建和徐晋（2005）、岳续华（2007）、郝以雪（2013）、姚明安（2017）则从大股东获取隐性好处的角度来分析，他们立足于控股股东持股的特性，从理论上进行分析，认为我国企业股权融资偏好的真正原因在于控股股东旨在通过各种"隧道行为"来获取控制权收益。邓茹等（2010）、赵国宇（2013）进行了大样本的实证检验，以中国上市公司为样本，选取大股东持股、市净率、资本结构、国有股和独立董事制衡度五个指标，对所选指标进行因子分析和回归分析后，大股东持股因子、市净率因子、资本结构因子与股权融资偏好正相关，大股东控制下的上市公司偏好于股权融资得到了验证。倪中新等（2015）利用 Tobit 模型，得出股权融资可以使控股股东获得利益。郭健喆（2017）发现股权结构与制度因素导致了企业的股权融资偏好。张安迪（2017）从信息披露的角度出发研究了我国上市公司股权融资偏好，发现股权结构导致该偏好，并发现信息披露对公司业绩改善具有正向作用。

3. 政策和制度方面的原因。

张昌彩（1998）等基于企业资本结构的国际比较，分析我国金融体系中存在的制度性问题。黄少安和张岗（2001）则从制度和政策因素角度探讨了上市公司的股权融资偏好的形成原因。股改之后，学者们开始关注股票发行制度、考核制度、监管制度、分红制度等对股权融资偏好的影响（杨志泉和邵蕾，2010；黄少安，2012；田素华，2014；黄海鹰，2018）。我国股票市场发行体制从审批制过渡到核准制后，逐步实现了市场化，但我国的核准制过多地强调人为因素，且存在制度惯性（杨志泉和邵蕾，2010），上市公司将分配股份和发行新股作为对管理层良好表现的一种奖励，在此制度背景下，上市公司的经营者忽视融资成本，不为公司创造收益，却为了受到奖励而配股或增发新股（黄少安，2012；张敏等，2013）。此外，中国的监督机制在实际中无法发挥作用，缺乏相应的监督制度以及战略性政策的支持与引导，且中国的强制分红制度不够（田素华，2014），降低了股权融资的实际成本，导致监管人员往往与管理层一起侵害中小股东利益，进行过度的股权融资以谋取私利。秦燊（2018）认为，我国不完善的资本经济制度使得我国上市公司偏向于股权融资。黄海鹰（2018）认为，制度黏性使东部地区优先使用股权融资，而中西部地区更偏好债权融资。

4. 公司治理方面的原因。

连建辉、钟惠波（2002）认为，上市公司控制机制的错位和公司治理机制的扭曲是产生公司股权融资偏好的根源。陆正飞和高强（2003）采用问卷调查法，发现导致"股权融资偏好"现象的原因既有资本市场制度背景（如发行企业债券的难度较大等）方面的原因，也有公司治理结构方面的原因。陈妍（2017）从公司治理角度研究发现在我国特定的经济市场发展环境下，负债水平越高，企业经济效益越差，因而导致了企业的股权融资偏好。

5. 资本结构方面的原因。

屈耀辉（2006）、李国重（2006）重点研究了资本结构的动态调整。潘敏等（2007）认为，目标资本结构对我国上市公司融资方式的选择影响较大，并且对资本结构偏离具有非对称调整现象，我国上市公司对较低负债率的偏好导致了过度依赖股权融资调整资本结构。

6. 内部控制方面的原因。

孟媛（2016）认为，内部控制越差、会计信息质量越差，企业越偏好于股权融资。仲怀公、徐洪波（2017）认为，企业内部控制有效性与股权融资偏好之间显著负相关；会计信息质量与股权融资偏好之间显著负相关；内部控制有效性能增强会计信息质量与股权融资偏好之间的相关性。

7. 融资环境方面的原因。

徐向阳和范晓静（2016）认为，中国特定的融资环境使得企业偏好股权融资。祝栩倩（2019）认为，业绩期望落差、环境不确定性会导致企业的股权融资偏好，且其影响对非国有企业更加显著。

8. 非理性行为方面的原因。

刘冬、李雪莲（2002）利用行为金融学，分析资本市场中存在的非理性行为对公司融资决策的影响。束景红（2010）从市场非理性角度出发，认为股票价格高估和证券监管部门在股权融资上的择时行为是上市公司偏好股权融资的重要行为。

9. 公司高管方面的原因。

孔亚楠和杨叶迪（2016）利用 Ordered – probit 模型进行分析，研究发现，过度自信的管理者有股权融资偏好，适度自信的管理者则更倾向于使用短期借款融资。朴玲兰（2017）研究发现，相较于男性管理者，女性高管更加偏好股权融资。张琴琴（2019）以沪深 A 股制造业上市公司作为研究样本，最终发现高管团队教育背景，海外北京和学术背景正向影响制造业上市公司的股权融资偏好行为，年龄背景则负向影响。

10. 多因素共同影响方面的原因。

周培红（2006）应用 Myers 的优序融资模型，对我国上市公司的融资结构进行分析，指出在我国现阶段，由于资本市场的发展不完善、债券市场的严格限制和非流通股权制度等因素的影响，上市企业的融资结构并不遵循优序融资理论，存在着严重的股权融资偏好。郑敏钰（2015）认为，融资成本、制度因素、非理性因素是导致股权融资偏好的主要原因。黎晓和樊贵玲（2017）认为，导致股权融资偏好的原因依次是股权结构、政策因素和融资成本。刘源（2017）认为，导致股权融资偏好的原因依次是外部环境因素、融资成本和盈利能力。张柴（2017）认为，政策和公司治理是导致股权融资偏好的主要原因。杨世聪（2018）认为，导致股权融资偏好的因素依次是融资成本、债券市场、治理结构、盈利能力和股权结构。李帅帅（2018）认为，融资成本、公司治理状况和政策因素共同导致了企业的股权融资偏好。

11. 其他原因。

除了上述导致股权融资偏好的原因以外，还存在一些其他原因。施东晖（2000）认为，相对于债权融资到期还本付息的刚性特点，股权融资是一种

"软约束"。王宇伟（2004）认为，忽视折价成本（折价是首日收市价减去发行价的差）即因折价而少筹到的资金是经理层偏好于股权融资的原因。

6.1.2.3 支持优序融资理论的观点研究

从国内外文献的比较发现，国外多数文献是支持优序融资理论的，而国内文献较多地背离有序融资理论，更倾向于股权融资。但是，国内也有部分文献支持有序融资理论。苏冬蔚和曾海舰（2011）认为，我国上市公司并不是单一地偏好股权融资，反而是基本遵循优序融资理论的。王雪怡（2013）研究发现，过度自信的管理者存在内源融资偏好，符合优序融资理论。陈星月（2015）认为，东部地区已逐步符合优序融资理论。

6.1.2.4 关于融资偏好其他结论的研究

此外，还有部分学者认为，我国上市公司的融资次序既不遵循优序融资理论，也没有很强烈的股权融资偏好。孙杰和王新红（2010）通过对中小板上市公司的研究，得出中小板企业并没有明显的股权融资偏好的结论。文世伟（2013）认为，我国上市公司的融资次序为短期借款融资 > 内源融资 > 债权融资 > 增发股票融资 > 长期借款融资 > 配售股融资，且大规模的公司更加偏好外源融资，小规模的公司则倾向于内源融资。而焦晓风（2016）研究发现，我国上市公司的融资顺序为债券融资 > 内源融资 > 股权融资。

6.2 资本成本的约束与上市公司债权融资偏好

根据第5章的介绍，我国上市公司在外部融资过程中出现了股权融资偏好，进而导致资本市场的融资功能得到超强发挥。本书认为，造成这一现象的关键因素在于资本成本与资金成本混淆带来的资本成本缺位。在现实中，公司融资的资金成本是管理者直接感受到的融资成本。在选择融资方式时，公司管理者会本能地对股权资金成本和债权资金成本进行比较：如果股权资金成本大于债权资金成本，就会选择债权融资；如果股权资金成本小于债权资金成本，就会选择股权融资。而资本成本的约束或缺位则会影响股权资金成本和债权资金成本的比较结果。

本节将通过建立一个数理模型来分析资本成本的产权约束①是公司选择债权融资的必要条件（即资本成本的产权约束导致股权资金成本大于债权资金成本）。

6.2.1　资本成本的约束性决定了上市公司的债权融资偏好

从前面对资本成本的定义中可以看到，投资者所要求的必要报酬实际上意味着对公司管理者的约束。② 因此，当存在资本成本的约束时，如果公司需要外部融资，无论选择债权融资还是股权融资，公司实际支付的代价（再融资的资金成本）必须要保证原有股东的风险回报（资本成本）不变。

本书将在此基础上依次（首先不考虑税收因素；其次再考虑税收因素）定量比较股权融资和债权融资的资金成本大小并进而从理论上解释中外上市公司融资偏好的差异。③

6.2.1.1　不考虑税收因素时股权资金成本与债权资金成本之定量比较

在进行公司股权与债券的资金成本定量比较前我们设定以下条件：（1）公司只发行普通股和债券这两种索偿权证券，公司的股本全部是可流通股。（2）公司股东持有股票属于投资行为而非投机行为，是理性的投资者单纯获取股利和股息的收益为前提的。在此忽略庄家有意识的做庄行为对股价波动产生的影响。（3）公司不论是发行股票还是发行债券，其资金成本都不应降低原有股东的回报率，并且不考虑交易费用。这是公司再融资时必须满足的条件。（4）公司发行债券的债息率等于市场利率。（5）不考虑交易成本、破产成本与代理成本。（6）所有的现金流量都是固定永续的，即零增长。

在满足上述前提的情况下，假设某公司，股本为 n 股，每股市价 p_0，每年该公司提取折旧后的纯收益为 R，则每股净收益为 R/n，再设债券债息率

---

① 按科斯第一定理，在交易费用为零的情况下，产权制度安排对资源配置没有什么影响。但科斯第二定律指出，在交易费用大于零的情况下，产权制度安排或合法权利的初始界定以及经济组织形式的选择将会对资源配置效率产生影响。因此，在企业组织内部，不同的投资者产权安排必然会影响资源在公司法人和投资者之间的配置。

② "The cost of capital is the rate of return a firm must earn on investment in order to leave share price unchanged"（资本成本是企业为了使其股票价格保持不变而必须获得的投资报酬率）。

③ 张建海、王一开. 证券金融 [M]. 太原：山西经济出版社，1990：156～163（部分内容）。

（市场利率）为 r。由于股东持有股票是希望承担风险并得到多于市场一般利率的回报。因此，在进行再融资前，按资本资产定价理论，该公司向原有股东支付的回报应在 r 之上再加一笔股东愿为冒风险的报酬 a，即公司原有股东当前的资本成本为 $c = r + a$。

在无税条件下，从理论上讲，一方面，由于对新增股本应支付新股东报酬（利率 r 和风险收益 a），故发行股票的资金成本似乎要大一些；另一方面，发行债券会提高公司的负债倍率，降低财务质量，会使公司股价下降。为维持原股价水平、公司必须创造出比发行股票更多的利润，这又使发行债券的资金成本看上去会更大一些。究竟哪种融资方式的资金成本更大，应进行具体分析。

1. 公司发行股票融资的资金成本分析。

由前面假设，由于公司对原股东的回报率是 $c = r + a$，每股股票每年收益是 R/n，那么按价值投资，p_0 可写为：

$$p_0 = \frac{R/n}{(1+c)} + \frac{R/n}{(1+c)^2} \frac{R/n}{(1+c)^3} + \cdots + = \frac{R}{n \cdot c}$$

设该公司在此基础上通过发行股票获得新增资本总量为 I，以下分别以市场价格发行股票和以低于市价发行股票两种方式讨论该公司再融资的资金成本。

（1）按市价发行股票的资金成本。

设公司按市价发行股票后可增加资本 I，新增资本的资金成本为 s，今后须增加利润 sI 才能使原有股东保持原来的收益，而总股数增加了 I/p_0，则发行股票后的股票市场价 p_1 应该为：

$$p_1 = \frac{(R+sI)/(n+I/p_0)}{(1+c)} + \frac{(R+sI)/(n+I/p_0)}{(1+c)^2} + \frac{(R+sI)/(n+I/p_0)}{(1+c)^3} + \cdots$$

$$= \frac{(R+sI)}{(n+I/p_0) \cdot c}$$

考虑到 $p_0 = R/nc$，即 $nc = R/p_0$。故：$p_1 = p_0 \cdot \dfrac{R+sI}{R+cI}$，其中，s 为股权的资本成本对公司管理者有约束的条件下新融资金的资金成本，当 $s > c$ 时，P_1 大于 P_0；当 $s < c$ 时，$P_1 < P_0$；当 $s = c$ 时，$p_1 = p_0$，即公司为维持股价在发行前后保持不变，必须使 $s = c$，即公司以市价发行股票的资金成本为原资本成本 c。

（2）以低于市价发行股票的资金成本。

假定发行股票价 P′，P′ < P$_0$，发行股票比例为每 m 股新发 1 股（m 不一定是整数），则公司发行股票融资总额为：

$$I = P' \cdot n/m$$

发行股票后除权价为：

$$\frac{np_0 + p' \cdot n/m}{(n + n/m)} = \frac{mp_0 + p'}{m + 1}$$

将此时发行股票的资金成本设为 s′，则发行股票后股价为：

$$P_1 = \frac{(R + s'I)/(n + n/m)}{1 + c} + \frac{(R + s'I)/(n + n/m)}{(1 + c)^2} + \frac{(R + s'I)/(n + n/m)}{(1 + c)^3} + \cdots$$

$$= \frac{R + s'I}{c(n + n/m)}$$

要使原股东不受损失，就必须使 P$_1$ 等于发行股票除权价 $\frac{mp_0 + p'}{m + 1}$，即：

$$\frac{R + s'I}{c(n + n/m)} = \frac{mp_0 + p'}{m + 1} \text{是一个必须满足的条件。}$$

整理上式可得：

R + s′I = cnp$_0$ + cnp′/m

由于 cnp$_0$ = R，R′n/m = I，所以 R + s′I = R + cI，即 s′ = c

即公司以低于市价发行股票，只要公司保证新发行股票的资金成本 s′ = c，原有股东的实际回报便不会下降，即这种情况下公司股权融资的资金成本也是 c。

结论：在有资本成本约束的条件下，不论公司以市价发行股票还是以低于市价发行股票，为使原有股东在二级市场利益不受损害，公司股权融资的资金成本均必须为 c。

2. 公司债权融资的资金成本分析。

公司通过发行债券筹集的资金越多，财务状况就越差，风险就越大，为保持原有股东收益不变的成本就越高。在原有股东的资本成本对公司管理者有硬约束的条件下，我们为了研究债权融资的资金成本（虽然债权融资的资本成本为 r），先引进股东的风险指标 δ$_Y$：

$$\delta_Y = 1/S \cdot \delta_R/V$$

其中，δ_Y 表示每股股份所承担的风险；S 表示资本比率即股份资本/资产；V 表示公司的资产即股份资本加上负债；δ_R 表示经营风险的大小。[①] 例如，当资产 V 全部由股份资本构成时，S = 1，此时股东只负担经营风险，而当资产中有 2/3 是负债时，S = 1/3，1/S = 3，即股东承担的风险是 S = 1 时的 3 倍，也即随着负债比率的增加，股东将不得不承担经营风险之外的风险，一般地，把由于使用负债而增加的风险，叫作财务风险，由 $\delta_Y = 1/S \cdot \delta_R/V$ 可看出，公司股东所负担的风险是由经营风险与财务风险构成。我们可以看到，δ_Y 实际上表示资产总额既定的条件下，经营风险对杠杆比率的放大。

现在假定该公司发行债券融资额为 I，由于公司发行债券后必然 S < 1，原有股东因而增加了风险，必然会要求补偿风险的收益报酬。公司必须用 I 创造出既满足债券持有者的利息要求，又满足原有股东的风险收益要求的利润率，才能避免股票市价的下降。设 β 为原股东要求增加的补偿收益率，这样公司在发行债券后必须实现的收益为 $rI + \beta np_0$。用融资额 I 去除这个式子，即得公司发行债券融资必须满足的资金成本为 $r + \beta np_0/I$。

再设 Q 为负债倍率即负债/股份资本，则 $Q = I/np_0$。于是上面发行债券融资必须满足的资金成本为：

$$r + \beta/Q \tag{6.1}$$

由于 $S = \dfrac{股份资本}{资产} = \dfrac{股份资本}{股份资本 + 负债} = \dfrac{股份资本}{股份资本 + 股份资本 \cdot Q} = \dfrac{1}{1 + Q}$，所以 $\delta_Y = 1/S \cdot \delta_R/V = (1 + Q) \cdot \delta_R/V = \delta_R/V + Q \cdot \delta_R/V$。

式（6.1）表示的是公司发行债券后用负债倍率来表示的股东风险，当 Q = 0 时，即公司未发行债券时，股东只负担经营风险，我们在前面讨论过，此时股东所要求的风险收益率为 α；当 Q 不等于 0 时，即增加了负债后，股东所承担的风险较未发债券前增加了 Q 倍，于是这时股东所要求的风险收益率也增加了 Q 倍，即为：$Q \cdot \alpha$。这里的 $Q \cdot \alpha$ 表示发行债券后股东所要求的风险收益率，等于前面所说的 β，即：

---

① 经营风险是假设在不运用负债的情况下的企业资产的风险程度。一个企业经营风险的大小取决于诸多因素，如需求波动、销售价格波动、投入成本波动、企业调整产出价格的能力、开发新产品的能力等。财务风险是由于运用负债而给股东增加的风险。如果企业运用负债，则企业投资者可划分两类：债权人与普通股权投资者，其中普通股股东除了要承担经营风险之外，还要承担财务风险。人们通常运用财务杠杆概念来分析财务风险的大小。

$$Q \cdot \alpha = \beta$$

于是 $\beta/Q = \alpha$。 (6.2)

将式（6.2）代入式（6.1），可以看出，在资本成本对公司管理者有约束的条件下，公司发行债券融资后必须满足的资金成本为 $r + \alpha$，即也等于公司的原资本成本 c。

结合公司发行股票融资的资金成本分析内容和公司债权融资的资金成本分析内容，我们可以看到，由于资本成本对公司管理者的约束，在不考虑税收的前提下，公司不论是按市价发行股票，还是以低于市价发行股票，或者发行债券，这些直接融资方式的资金成本是一样的，都是市场利率 r 及股东风险报酬率 α 之和。因此，发行债券融资与发行股票融资是没有区别的。这也正是 MM 无税模型的结论。

6.2.1.2 考虑税收时股权与债权的资金成本之比较

在现实生活中，必须考虑税收的因素。此时公司发行股票和发行债券的资金成本都发生了变化，于是这两种方式的资金成本就有所差异了。在资产总额和公司利润总额不变的情况下，发行债券融资的方式要比发行股票融资的方式负担较少的税款。也就是说，从理论上讲，债权的资金成本要低于股权的资金成本。

假设边际税率为 t，公司用发行股票的方式融资，这时股东要求的风险收益率为 $c = r + \alpha$，由于政府按税率 t 进行股利分红征税，公司若想满足原有股东收益率 c，就必须实现 $c_t = c/(1-t)$ 的利润率，也即发行股票再融资时投资者的资本成本仍为 c，但公司的实际支付的资金成本却不是 c，而是更大的 c_t。

如果公司不用发行股票融资方式，而是以 r 的利率发行债券融资总额为 I，则公司一方面要向债券持有者支付债息 rI；另一方面要向原股东补偿 αI 的风险收益。因为考虑纳税负担，股东要得到 αI 的风险收益，公司就要多实现 $\alpha I/(1-t)$ 的税前利润，于是发行债券融资的公司资金成本为（虽然此时债权人要求的资本成本仍为 r）：

$$\frac{[rI + \alpha I/(1-t)]}{I} = r + \frac{\alpha}{1-t} = \frac{r + \alpha}{1-t} - \frac{r \cdot t}{1-t} = c_t - \frac{r \cdot t}{(1-t)} < c_t$$

因此可见，在考虑税收的条件下公司发行债券的资金成本低于发行股票的资金成本，其中的差额为 $r \cdot t/(1-t)$，公司越是举债，其实际资金成本负担就越小。这就解释了在成熟资本市场上公司热衷于发行债券而冷落股票融资的现象。

6.2.2　资本成本的缺位导致了上市公司的股权融资偏好

综上所述，从理论上讲，在价值投资型资本市场上，由于资本成本对管理者融资行为的约束，使得公司股权资金成本大于债券资金成本。然而，在我国这样一个新兴的资本市场上却不存在股权资本成本的约束。资本成本虽然理论上存在，也等于无风险利率加上风险溢价，但由于资本成本与资金成本的混淆导致资本成本产权处于缺位状态，以致公司管理者只感受到股权资金成本，而感受不到股权资本成本的约束。这时，公司管理者可以以远低于市场利率（也同时是债券融资的资金成本）的价格（有时甚至是恶意的零资金成本）进行股权融资，而投资者却仍趋之若鹜。在这种情况下，公司管理人员再融资时自然就偏好股权融资了。可见，资本成本的重要作用体现在资本成本的产权约束上。更为重要的是，这一产权约束的缺位影响了公司治理机制的正常运行，使我国公司管理者缺乏发达资本市场上的硬约束，从而可以在股东权益不断稀释的情况下肆无忌惮地增资扩股，并导致资本市场融资功能超强发挥。

因此可以说，正是因为资本成本约束或缺位，才出现了中外截然相反的公司融资偏好。

上述部分结论可以用表6.1来描述。

表6.1　　不考虑税收时不同投资市场上的公司资金成本比较

资本成本的约束性	有	无
资本成本比较	股权的资本成本 = r + α > 债券的资本成本 = r	股权的资本成本 = r + α > 债券的资本成本 = r
资金成本比较	股权的资金成本 = 债券的资金成本 = r + α	股权的资金成本 < 债券的资金成本 = r < 股权的资本成本 = r + α

资料来源：笔者自行整理。

对表6.1的补充：在与表6.1同样的条件下，如果考虑税收的影响，股权的资金成本就为 $c_t = c/(1-t)$，债券的资金成本小于 c_t。这时就会出现西方公司那样的债券融资偏好。但是，在资本成本缺位的市场上，例如我国，债券的资金成本为 r，但股权的资金成本却可以远远小于 r，这时就会出现公司的股权融资偏好。事实上，其他发展中国家也或多或少存在股权融资偏好，如表6.2和表6.3所示。

表6.2　　　　1980～1997年新兴工业化国家与发达国家融资结构比较①

国家或地区	公司债务		股票		国家或地区	公司债务		股票	
	国内或地区内	国外或地区外	国内或地区内	国外或地区外		国内或地区内	国外或地区外	国内或地区内	国外或地区外
新兴市场国家或地区									
阿根廷	42.0	29.1	17.8	11.1	斯里兰卡	0.4	0.0	97.8	1.8
巴西	28.9	31.4	37.6	2.1	土耳其	7.0	1.4	83.1	8.5
智利	65.7	6.9	19.2	8.2	委内瑞拉	15.7	1.0	58.1	25.1
哥伦比亚	35.7	10.6	49.4	4.4	韩国	81.9	5.7	11.2	1.2
印度	45.9	11.5	34.2	8.4	新加坡	33.8	13.9	36.5	15.8
印度尼西亚	8.4	11.1	72.1	8.4	中国台湾地区	17.6	8.5	67.6	6.3
约旦	0.4	0.0	99.6	0.0					
马来西亚	1.1	42.3	3.4	53.2	发达国家				
毛里求斯	16.3	12.0	71.1	0.7	德国	91.3	2.2	5.5	1.0
墨西哥	0.2	53.6	23.7	22.5	日本	90.3	5.9	3.7	0.1
巴基斯坦	0.0	0.6	70.4	4.0	英国	4.7	60.0	26.3	9.0
秘鲁	82.4	1.7	1.0	15.0	美国	76.6	9.5	12.7	1.1
菲律宾	16.5	22.4	40.5	20.6	加拿大	32.2	23.8	41.0	3.0

资料来源：Ian Domowitz, Jack Glen and Ananth Madhavan. International Evidence on Aggregate Corporate Financing Decisions [J]. Internat ional Financial Decisions, 2000.

表6.3　　　　发展中国家制造业100家最大企业的融资结构

国家	公司数（家）	时间	内部融资（%）	外部融资	
				股权（%）	长期债务（%）
韩国	100	1980～1990年	15.8	46.9	30.4
墨西哥	100	1984～1990年	23.1	64.7	1.0
印度	100	1980～1990年	38.1	16.3	38.9

① 转引自黄泰岩，侯利. 企业融资结构的国际比较 [J]. 中国工业经济, 2001 (4).

续表

国家	公司数（家）	时间	内部融资（%）	外部融资	
				股权（%）	长期债务（%）
土耳其	100	1982~1990 年	13.4	66.6	16.9
马来西亚	100	1983~1990 年	29.7	48.0	12.0
津巴布韦	100	1980~1988 年	57.0	43.5	0.0
巴西	100	1985~1991 年	46.0	37.2	5.6
平均			32.0	41.7	16.0

资料来源：Sign. Corporate Financial Patterns in Industrializing Economics：A Comparative International Study ［R］. Workingpaper, 1995.

第7章 资本成本是资本市场定价功能与资源配置功能的基础

无论是理论还是实践，都告诉我们，资本市场的核心作用是提高资源配置效率，让资本配置到更有发展潜力的领域，从而提高全要素生产率，即通过价格信息的导向作用，以及与之相联系的信息传递和价格形成能力，有效聚集并分配资本，引导有限的金融资源在企业之间进行优化配置。[①] 有效的价格形成机制，是资本市场最为重要的功能之一。"基本上，在所有具有高度发达的金融体系的发达经济中，实际资本市场履行了风险定价的职能，从而指导新资本的积累与配置""即使通过发行新股票而增加的新股本的数额很小，资本市场的风险定价职能仍然在经济的资本积累和配置进程中起指导作用"。

可见，作为现代金融学研究的中心问题，风险定价机制在金融资源有效配置中起着十分关键的作用，只有在市场竞争基础上形成公正合理的股价，才能有效引导金融资源流向最有效率和最有发展前景的企业和产业，最终实现资金在生产者之间最佳配置。资本市场也正是在风险资产定价的基础上来指导增量资本资源的积累和存量资本的调整，从而实现资源配置功能的。此时，市场的风险定价功能决定了其资源配置功能。

本章通过对股票定价理论和定价模型的分析，指出资本成本即风险折现率是风险资产定价的基础，进而是资本市场发挥资源配置功能的必要条件。

---

① 在瓦尔拉斯（Walras）经典市场模型中，只要市场定出了正确的价格体系，那么这组体系就会将经济资源引导到边际效用最高的地方去。从而自动达到资源的帕累托最优配置。

7.1 资本成本与普通股定价

风险定价或价格发现是资本市场的核心作用之一。具体来讲，风险定价是指对风险资产①的价格确定，它所反映的是具有不确定未来收益的索偿权（claims）的价值或价格，其核心思路是风险资产的价值或理论价格等于其预期收益的现值。② 作为风险定价中的折现率，资本成本起着决定性的作用。

产权理论也告诉我们，"产权是一种社会工具，其重要性在于事实上它能帮助一个人形成他与其他人进行交易的合理预期"。资本成本作为投资者的一项产权，不仅对公司管理者形成约束（详见第 8 章），而且作为一种对未来的预期，其预期值本身就是股票风险定价的基础。

本节主要探讨资本成本在股票的股息贴现模型、自由现金流贴现模型、市盈率模型和剩余收益定价模型中的作用。

7.1.1 定价理论的演进与现金流贴现模型

在经济理论以往几百年的发展过程中，定价理论起着至关重要的推动作用，作为贯彻其中的轴心推动着整个经济理论的发展。回顾定价理论的发展历史我们可以看到，经济学定价理论的发展轨迹正是沿着商品价格→资金价格即利率→货币资产价格→资本资产价格这样的路线向前发展。人们最先关注的是商品价格的决定及其波动的影响因素。19 世纪之后转而研究资金这种特殊商品的价格即利率，20 世纪以后又逐渐拓展到对资产（货币资产和资本资产）价格的研究上来。③

上述理论的发展轨迹带给我们的并不仅是研究对象的简单更替，更重要

---

① 在所有的风险资产中股票是最为基本和最为重要的一种。股票的价格不仅包括公司一般所拥有的各种不同的有形资本，而且还包括大部分公司所具有的独特技术、人员、信誉、市场、客户等无形资产，进而反映了公司未来盈利的潜力。所以本章所讨论的风险资产定价主要指股票的定价。

② 资本资产或者说风险资产的价格表现形式有两种，一种是绝对价格；另一种是相对价格。前者是用股价的市场价格表示，后者则是用股票的预期收益率表示。现代金融学中的资产定价理论研究使用的是后者。本书为了表达资产定价功能与资源配置功能的关系，采用了股票的绝对价格。

③ 参见吴晓求. 资本结构和公司治理的若干理论问题 [J]. 中国经济信息，2003（5）.

的是体现了市场经济形态从商品经济到资本经济的巨大跨越以及相应的定价方法革命：在商品经济时代，人们研究的是普通商品和资金的价格，稀缺性是其主要特征，因此，供给——需求定价方法成为主流。随着资本经济时代的到来，为了获得连续经营所需要的资金，公司企业在金融市场上筹集资金，对投资者而言就出现了资本资产和货币资产，统称为金融资产。作为一种与普通商品和资金明显不同的特殊商品，金融资产最大的特点是具有不确定的未来现金流，即具备收益性和风险性。因此，对金融资产定价时，其不确定性就成为人们不得不考虑的因素。如果说货币资产的风险由于其期限很短（≤1 年）而可以忽略的话，那么资本资产的定价就必须考虑其风险的大小。因而资本资产的定价完全不同于普通商品、资金和货币资产，而是采用现金流贴现模型。

现金流贴现模型认为任何资产的内在价值取决于持有资产可能带来的未来的现金流收入的贴现值。在选用贴现率时，不仅要考虑货币的时间价值，而且应该反映未来现金流的风险大小。现金流贴现模型用数学公式表示为（假定对于所有未来的现金流选用相同的贴现率）：

$$V = \frac{C_1}{(1+y)} + \frac{C_2}{(1+y)^2} + \frac{C_3}{(1+y)^3} + \cdots = \sum_{t=1}^{\infty} \frac{C_t}{(1+y)^t} \qquad (7.1)$$

其中，V 为资产的内在价值；C_t 为第 t 期的现金流；y 为贴现率又称资本化率（the capitalization rate）。

现金流贴现模型目前是股票定价模型中的主流方法。以下将要介绍的股息贴现模型和自由现金流量贴现模型均源出于此。

7.1.2 资本成本与普通股定价

本书在这里介绍了四种股票价值估价模型：股息贴现模型（dividend discount model，DDM）、市盈率模型（price/earnings ratio model）、自由现金流量贴现模型（discounted cash flow，DCF）和剩余收益定价模型（residual income valuation，RIV）[①] 并分别指出资本成本在每种定价模型中的作用。

---

① 除了剩余收益定价模型外，其他三种股票定价模型的介绍借鉴了张亦春、郑振龙主编《金融市场学》第十一章的有关内容。

7.1.2.1　资本成本与股息贴现模型

1938 年，约翰·威廉姆斯（John B. Williams）在其博士论文《投资价值理论》中第一个正式指出，一个公司的股本权益价值等于预期未来股利的现值。但真正使这一概念在财务管理中得以重视并广泛运用的则是戈登（Gordon），他和夏皮罗（Sharpiro）通过将公司视作一种不断增长终身年金性股利资产而进行估价。标准的股息贴现模型函数表达式为：

$$V = \frac{D_1}{(1+y)} + \frac{D_2}{(1+y)^2} + \frac{D_3}{(1+y)^3} + \cdots = \sum_{t=1}^{\infty} \frac{D_t}{(1+y)^t} \qquad (7.2)$$

其中，V 为普通股的内在价值；D_t 为普通股第 t 期支付的股息和红利；y 为贴现率。股息贴现模型假定股票的价值等于它的内在价值，而股息是投资股票唯一的现金流。事实上，即使投资者在买进股票一段时间之后可能抛出该股票上述公式依然成立。证明如下。

假定某投资者在第三期期末卖出所持有的股票，根据收入资本化定价方法，该股票的内在价值应该等于：

$$V = \frac{D_1}{(1+y)} + \frac{D_2}{(1+y)^2} + \frac{D_3}{(1+y)^3} + \frac{V_3}{(1+y)^3} \qquad (7.3)$$

其中，V_3 为在第三期期末出售该股票时的价格。根据股息贴现模型，该股票在第三期期末的价格应该等于当时该股票的内在价值，即：

$$V_3 = \frac{D_4}{(1+y)} + \frac{D_5}{(1+y)^2} + \frac{D_6}{(1+y)^3} + \cdots = \sum_{t=1}^{\infty} \frac{D_{t+3}}{(1+y)^t} \qquad (7.4)$$

将式（7.4）代入式（7.3），得到：

$$V = \frac{D_1}{(1+y)} + \frac{D_2}{(1+y)^2} + \frac{D_3}{(1+y)^3} + \frac{D_4/(1+y)^1 + D_5/(1+y)^2 + \cdots}{(1+y)^3} \qquad (7.5)$$

由于 $\dfrac{D_{t+3}/(1+y)^t}{(1+y)^3} = \dfrac{D_{t+3}}{(1+y)^{t+3}}$，所以式（7.5）可以简化为：

$$V = \frac{D_1}{(1+y)} + \frac{D_2}{(1+y)^2} + \frac{D_3}{(1+y)^3} + \frac{D_4}{(1+y)^{3+1}} + \frac{D_5}{(1+y)^{3+2}} + \cdots$$

$$= \sum_{t=1}^{\infty} \frac{D_t}{(1+y)^t} \qquad (7.6)$$

所以，式（7.3）与式（7.2）是完全一致的，证明股息贴现模型选用未来的股息代表投资股票唯一的现金流，并没有忽视买卖股票的资本利得对股票内在价值的影响。如果能够准确地预测股票未来每期的股息，就可以利用式（7.2）计算股票的内在价值。

根据对股息增长率的不同假定，股息贴现模型可以分成零增长模型（zero-growth model）、不变增长模型（constant-growth model）、多元增长模型（multiple-growth model）和三阶段股息贴现模型等形式（three-stage-growth model）。

不论股息贴现模型的哪一种具体形式，其中的"贴现率为市场资本报酬率（必要收益率）"即资本成本。如果从产权理论来看，资本成本产权所形成的预期就是投资者的必要报酬率，被用作"证券的资本化率"，从而构成资本市场风险定价的基础。如果忽视或者破坏资本成本"产权，实质上是一种搅乱预期的行为"。

7.1.2.2 资本成本与市盈率模型

与股息贴现模型相比，市盈率模型的历史更为悠久。在实际使用中，市盈率模型具有以下三个方面的优点：（1）由于市盈率是股票价格与每股收益的比率，即单位收益的价格，所以，市盈率模型可以直接应用于不同收益水平的股票的价格之间的比较；（2）对于那些在某段时间内没有支付股息的股票，市盈率模型同样适用，而股息贴现模型却不能使用①；（3）虽然市盈率模型同样需要对有关变量进行预测，但是所涉及的变量预测比股息贴现模型要简单。相应地，市盈率模型也存在一些缺点：（1）市盈率模型的理论基础较为薄弱，而股息贴现模型的逻辑性较为严密；（2）在进行股票之间的比较时，市盈率模型只能决定不同股票市盈率的相对大小，却不能决定股票绝对的市盈率水平。尽管如此，由于操作较为简便，市盈率模型仍然是一种被广泛使用的股票价值分析方法。市盈率模型同样可以分成零增长模型、不变增长模型和多元增长模型等类型。本书以不变增长模型的市盈率模型为例，剖析资本成本在其定价模型中的作用。

借用股息贴现模型不变增长模型中的公式：

---

① 只要股票每股收益大于零，就可以使用市盈率模型。

$$V = \frac{D_1}{y - g}$$

其中，D_1，r，g 分别代表第一期支付的股息，贴现率和股息增长率（常数），V 代表股票的内在价值。尽管股票的市场价格 P 可能高于或低于其内在价值，但是，当市场达到均衡时，股票价格应该等于其内在价值。所以，我们可以把该式改写为：

$$P = V = \frac{D_1}{y - g} \tag{7.7}$$

而每期的股息应该等于当期的每股收益（E）乘派息比率（b），即：$D = E \times b$，代入式（7.7），得到：

$$P = \frac{D_1}{y - g} = \frac{E_1 \times b_1}{y - g}$$

将式（7.7）移项后，可以推出不变增长的市盈率模型的一般表达式：

$$\frac{P}{E} = \frac{b}{y - g} \tag{7.8}$$

式（7.8）中，y 同样是资本成本。

7.1.2.3　资本成本与自由现金流贴现模型

与股息贴现模型、市盈率模型不同，自由现金流分析法首先对公司的总体价值进行评估，然后扣除各项非股票要求权，得到总的股票价值。具体而言，公司的总体评估价值，等于完全股票融资条件下公司净现金流的现值，加上因公司使用债务融资而带来的税收节省的净现值。

假定公司今年的税前经营性现金流为 PF，预计年增长率为 g。公司每年把税前经营性现金流的一部分（设此比例为 k）用于再投资。税率为 T。今年的折旧为 M，年增长率为 g。资本化率为 r，公司当前债务余额为 B。

那么，公司今年的应税所得：

$$Y = PF - M$$

从而，税后盈余：

$$N = (PF - M)(1 - T)$$

税后经营性现金流：

$$AF = N + M = PF(1 - T) + M \times T$$

追加投资额：

$$RI = PF \times K$$

自由现金流：

$$FF = AF - RI = PF(1 - T - k) + M \times T$$

进而，该公司的总体价值：

$$Q = \frac{FF}{y - g} = \frac{PF(1 - T - k) + M \times T}{y - g} \qquad (7.9)$$

公司的股权价值为：

$$V = Q - B = \frac{PF(1 - T - k) + M \times T}{y - g} - B \qquad (7.10)$$

当公司高层管理人员进行本公司的资本预算或者寻求并购对象时，通常使用上述方法来评估相关公司的股权价值。在式（7.10）中同样可以看到资本成本作为折现率而起到的关键作用，只不过本处所使用的资本成本是加权资本成本，[①] 与股息贴现模型、市盈率模型中所使用的股权资本成本有所不同。

7.1.2.4 资本成本与剩余收益定价模型

在财务学界，股利贴现模型 DDM 与自由现金流量贴现模型 DCF 模型都被认为不够理想。前者遭受批评最多的是其基本思路即股东财富归溯于企业价值分配的思路，批评者认为股东财富应归溯于企业价值创造，而且 1981 年美国耶鲁大学的经济学家罗伯特·希勒（Robert Shiller）根据他对近百年来主要股指和红利之间关系的经验研究提出，由于股票价格波动太大，因而无法由反映企业收益的红利水平来解释。后者被批评在进行价值评估时只考虑到未来现金流的影响，而没有使用资产负债表和损益表上的数据，从而使这

---

① 加权资本成本（WACC）是股权资本成本与债务资本成本通过资本结构权数加权得来的。在债务资本成本与资本结构一定的情况下。WACC 是股权和债权投资人在一项投资中的要求的加权平均收益率，显然，股权资本成本是影响 WACC 的重要因素。

种方法的实用性大大下降。

随着财务信息的价值相关性不断凸显，理论界对股票内在价值和资本市场的分析，也逐渐转移到会计研究的方向上来，股票定价模型也有了新的进展。财务界比较公认的观点是会计盈余和账面净资产是对股票的内在价值产生重要影响的因素。布尔和布隆（Ball and Brown，1968），柯林斯和科拉里（Collins and Kothari，1989）等一系列研究表明会计盈余与公司内在价值定价相关。在这样的研究结果支持下，很多理论工作者经过会计基础分析，得出了公司内在价值与"剩余收益"和账面净资产的函数关系。提出了从价值创造角度进行权益定价的基本模型。其中最有影响力的是剩余收益定价模型（residual income valuation，RIV）。

所谓剩余收益，是指所有者或经营者按现行利率扣除其资本利息后所留下的经营或管理收益。"剩余收益"这一概念最早是由阿尔弗雷德·马歇尔（Alfred Marshall）于 1890 年提出的。1938 年普瑞里齐（Preinreich）提出了剩余收益定价模型。20 世纪 90 年代，在净剩余理论的深入研究背景下，经由奥尔森（Ohlson，1995）、菲尔瑟姆和奥尔森（Feltham and Ohlson，1995、1996）等一系列分析性研究的文献逐渐发展，才真正确立了剩余收益定价模型 RIV 的地位。

RIV 的基本表达式为：[①]

$$V_0 = BV_0 + \sum_{t=1}^{\infty} \rho^{-1} E(RI_t) \qquad (7.11)$$

其中，V_0 是 0 时刻的企业价值；BV_0 是 0 时刻净资产的账面价值；RI_t 是第 t 期的剩余收益；ρ 是 1 加市场要求的回报率即资本成本。剩余收益（residual income，RI）的定义是：$RI_t = X_t - (\rho - 1) \times BV_{t-1}$，其中，$X_t$ 是 t 期的综合收益。[②] 也就是说，剩余收益是本期的综合收益减去资本的资本成本，即企业创造的高于市场平均回报的收益。所以 RIV 模型的实质意义是：公司的价值是由现有的净资产的账面价值与未来剩余收益的贴现值所确定的。

---

① 详细的理论模型公式参见张人骥. 充分利用会计信息的企业价值评估模型——RIR 模型的建立与应用 [J]. 财经研究，2002.

② 综合收益是 FASB 提出的一种新的会计要素，根据 SFAC No.3 的定义："企业在报告期内，从业主以外的交易，以及其他事项和情况中所发生的权益变动。它包括报告期内除业主投资和业主派得外一切权益上的变动。"换句话说，采用完全的损益满计观，抛弃本期营业观，不允许有不经过收益表而直接进入资产负债表的损益类项目发生，使收益表真正反映本期的全部收益。

剩余收益定价模型虽然在应用上还不如股利贴现模型、市盈率模型和自由现金流量贴现模型普及，但它克服了它们的缺陷，在理论上更有说服力。具有广阔的发展空间。

在剩余收益定价模型 RIV 中，我们也同样看到了资本成本必不可少的作用。

7.2   资本成本是资本市场发挥资源配置功能的基础

资本市场的金融资源配置功能，应是将有限的金融资源配置到效益最好的企业及行业，进而创造最优产出，实现社会福利最大化。它实际上表现为两个相对独立的过程：投资者在证券价格指引下，通过购买证券将资金转移到企业手中，是金融资源配置的第一阶段。这一阶段属于市场内部配置；企业将募集的货币资本转化为产业资本投入实际生产过程，创造有效产出，是金融资源配置的第二阶段。这一阶段属于市场外部配置。资本市场资源配置的优化，应是市场内部配置高效率和市场外部配置的有机统一。这两个阶段，实际上分别是企业的融资与投资过程。① 限于本书研究的主题，本节着重分析资本成本在市场内部资源配置即上述第一阶段中的作用。

7.2.1   效率市场假说与资源配置

研究资本市场内部资源配置最权威、最有影响的理论当数"效率市场假说（efficient market hypothesis，EMH）"。符合 EMH 的市场就可以称为有效率的市场，有效率的市场当然也就实现了资源的有效配置。

7.2.1.1   效率市场假说

效率市场假说是现代金融理论的基本范式，也是现代投资理论的核心思想之一。效率市场假说的起源可以追溯到 20 世纪初巴契里耶（Bachelier，

---

① 虽然在第二阶段里，拟投资项目的资本成本就是企业投资的最低回报率，凡是内部报酬率低于资本成本的项目就应该放弃，资本成本依然是市场外部配置（企业投资过程）高效率的决定性因素。但这一过程发生在本书定义的资本市场之外，不在本书的讨论范围之内。

1900）的先驱性理论贡献和30年代考尔斯（Cowles，1933）等的经验研究。之后，经过许多学者对资本市场证券价格的时间序列的统计分析，建立了投机价格随机行走的标准模型。在60年代中期以后，经过萨缪尔森（Samueslon，1965）、法玛（Fama，1965）、卢卡斯（Lucas，1978）、格罗斯曼和斯蒂格利茨（Grossman and Stiglitz，1980）等的努力，形成并发展了资本市场的有效率市场理论。但有效市场理论的真正确立却是法玛于1970年完成的。法玛指出："如果在一个证券市场中价格完全反映了所有可得信息，那么就称这样的市场为有效市场。"麦基尔（Malkiel）给出了更明确的定义："如果一个资本市场在确定股票价格时充分、正确地反映了所有的相关信息，这个资本市场就是有效的。正式地说，该市场被称为相对于某个信息集是有效的……如果将该信息披露给所有参与者时股票价格不受影响的话。更进一步说，相对于某个信息集有效……意味着根据（该信息集）进行交易不可能赚取经济利润"。因此，资本市场的有效性是指证券的价格能充分反映市场上与公司有关的所有信息的价值，市场上的投资者只能获得正常收益，而不能获得因过度投机、市场操纵、信息误导等带来的非正常收益。

　　除了上述成果外，许多研究者还对效率市场做了进一步的划分。威斯特和提那克（West and Tinic，1975）将效率资本市场划分为外部有效（external efficiency）即定价有效市场（pricing efficiency）和内部有效（internal efficiency）即运行有效（operational efficiency）市场。其中外部有效市场是指资本市场对证券的价格决定使证券投资的收益率等于厂商和储蓄者的边际收益率，从而使稀缺的资金资源被最优地配置到生产性投资上去。市场价格在任何时候都充分反映了与证券定价相关的所有可获得的信息。在具有外部效率的市场或说外部有效市场上，证券价格能根据有关信息做出及时、快速的调整，因此，证券的市场价格成为证券交易的准确信号。内部有效市场是指交易营运效率高的证券市场，即证券市场可以在最短的时间和以最低的交易费用为交易者完成一笔交易。

　　哈里·罗伯特（Harry Roberts，1967）则按信息在市场上得到反映的程度不同，将股票市场效率分为三种形式：（1）弱式（weak form）效率市场：股票价格已反映了所有历史记录中的信息，即充分反映了价格历史序列数据中所包含的一切历史信息。（2）半强式（semi-strong form）效率市场：股票价格不仅反映了历史信息，而且反映了所有与公司证券有关的公开信息。

（3）强式（strong form）效率市场：股票价格反映了所有信息，包括内幕信息，因此，即使是掌握了内幕信息的交易者也无法凭之获取超额利润，显然强式效率市场定义了最有效率的市场形态。

目前绝大多数学者使用以下的预期收益模型来定义证券价格的形成过程和有效市场假说的内涵：

$$E(P_{t+1} \mid \Phi_t) = E[1 + E(R_{t+1} \mid \Phi_t)] \cdot P_t$$

其中，E 是期望符号；P_{t+1} 是证券在 t + 1 时刻的价格；P_t 是其在 t 时刻的价格；Φ_t 是在 t 时刻的可得的信息集；R_{t+1} 是证券在 t + 1 时刻的收益率。

即：

$$R_{t+1} = (P_{t+1} - P_t)/P_t$$

于是，投资的超额收益为：

$$Z_{t+1} = P_{t+1} E(P_{t+1} \mid \Phi_t)$$

如果：

$$E(Z_{t+1} \mid \Phi_t) = 0$$

即在有效市场中，投资超额收益的条件期望为零，定义序列是基于信息集上的"公平游戏"，每个参与者获利的机会应该相同。用预期收益模型来表示市场均衡条件以及在信息集上形成均衡期望收益有着重要的实证含义，它排除了基于已有信息集上的交易持续地获得超过平均收益的超额利润。因此价格充分反映了可以获得的信息。就是说，任何一个投资者都不能依靠某种交易策略持续地战胜市场。

7.2.1.2　效率市场假说与资源有效配置

EMH 最重要的理论价值在于，它为判断资本市场上资本资源配置的效率状况提供了一种方法或标准。这是一种纯粹基于市场因素的分析方法。其隐含的思想是：像产品市场一样，金融资源能否得到有效配置，要看是否具备一个有效的资本市场定价机制，以及在此作用下金融资产的价格能否准确反映其内在价值，而金融资产的内在价值则又反映在与该产品有关的各种信息上。

在一个效率市场中，首先是资本市场对各种影响价格的信息做出准确、及时的反应，形成与股票内在价值相符合的市场价格（价格可以充分并且及时地反馈所有市场上可以获得的相关信息）。在此基础上，通过价格信号的有效传导，使资金流从投资者手中流向那些能够获得高额投资回报的投资项目上，以此发挥资本市场对社会资源的动员、引导与配置作用。① 因此，在市场机制能充分发挥的情况下，有效的资本市场能够实现资源的合理配置，即有效的资本市场可以用来衡量或者说基本上反映了社会金融资源的配置效率。反之，如果金融市场上产品的价格没有准确反映其内在价值，说明市场信息流通不畅，投资者对相关信息反映迟钝，金融资源的配置必定是低效率的或者是无效率的。由此可见，有效率的市场当然也就实现了资源的有效配置，市场的价格发现效率就决定了其社会资源的配置效率。

7.2.2　资本成本与效率市场假说

效率市场假说作为资本市场效率研究的核心理论本身即是一个假设，但它还隐含着一些前提假设，即它是建立在三个强度渐次减弱的假定条件之上的。

条件一：投资者是理性的，因而可以理性地评估股票的价值。

如果投资者是理性的，他们认为每种股票的价值等于其未来的现金流按能反映其风险特征的贴现率贴现后的净现值，即内在价值（fundamental value）。这里的"能反映其风险特征的贴现率"就是我们前面所讨论的股权资本成本。也就是说，股票的内在价值取决于其未来的现金流和股权资本成本的大小。当投资者获得有关股票内在价值的信息时，他们就会立即做出反应，买进价格低于内在价值的股票，卖出价格高于内在价值的股票，从而使股票价格迅速调整到与新的净现值相等的新水平。

---

① 首先，股票的价格决定了资本资源的占有条件。那些经营前景良好、财务状况健康的公司可以通过更低的成本、更高的发行价格筹集到更多的资金；而那些经营前景黯淡、财务状况不佳的公司则很难筹集到其所需的资金。这就保障了稀缺的资本资源只流向效率最高的企业或部门。这样，在IPO市场中，资金便通过投资者的理性选择流向整个经济社会中更有效率的部门。此外，企业的收益或分配政策也部分地反映了它们对预期收益的考虑。对于能够获得超过平均利润率的企业，往往有增发或配股的资格和条件，而低于一般平均利润的企业，要么将其可用于投资的历史收益分配出去，以维持现在的股票价格水平，要么使股票贬值，造成金融资源的流失。其结果自然导致金融资源的优化配置。其次，通过股票二级市场价格的变化信号，资本市场可以表达出投资者对上市公司经营决策的看法，引导上市公司把有限的资金投向边际回报更高的项目，以最小的投入获取最大的投资回报，达到社会资源的优化配置。

条件二：虽然部分投资者是非理性的，但他们的交易是随机的，这些交易会相互抵消，因而不会影响价格。

条件三：虽然非理性投资者的交易行为具有相关性，但理性套利者的套利行为可以消除这些非理性投资者对价格的影响。

由以上假定条件可以看出，投资者的理性投资与卖空套利机制是效率市场假说成立的必要条件，从而是风险资产实现均衡价格的必要基础。其中理性投资者的条件要求投资者能够从理论上确定股票的内在价值，换言之，投资者必须首先能够确定风险资产的资本成本。而在现实世界中，资本成本产权理念的缺乏使资本成本的确定无从谈起，市场必然是无效率的。科尼利厄斯（Cornelius，1994）对此早就指出，在刚刚建立的股市中，市场各参与方的行为不符合市场有效范式，市场无效是必然的。

对于我国资本市场的有效性，国内学者从实证角度也做了大量的检验。由于研究时期、选取样本、研究方法等方面的不同，得出的结论也是存在差异的。目前，主要存在三种观点，即尚未实现弱势有效、已实现弱势有效、尚未实现半强式有效。

尚未实现弱势有效的观点。持有该观点的学者主要有：俞乔（1994）、吴世农（1994、1996）、陈守东等（1998）、范龙振和张子刚（1998）、张亦春和周颖刚（2001）、洪永森（2002）和陈灯塔（2003）、吴振翔和陈敏（2007）、王静和韩贵（2008）、瞿慧等（2011）、邵晶（2019）、莫易娴和周乐敏（2020）等。其中，1998 年以前的文献主要的实证方法是检验随机行走的序列相关检验和游程检验。而戴国强等（1999）认为，满足随机游走模型只能是市场有效的充分条件，而非必要条件。张亦春和周颖刚（2001）运用广义谱域分析对 1993～2000 年的股市进行检验，发现不具备弱势有效。洪永森（2002）和陈灯塔（2003）认为以前的方法存在漏洞，应该采用可以直接用来检验时间序列的鞅假设的广义普导数方法。吴振翔和陈敏（2007）则利用统计套利的方法，对沪深股市 A 股以及上证 180 指数进行检验，发现在中期（6 个月）和长期（12 个月）存在统计套利现象，这说明我国股市尚未达到弱势有效。王静和韩贵（2008）利用 EGARCH（1，1）模型对上证综指 1990～2008 年的有关数据进行检验，认为我国股市尚未达到弱势有效。瞿慧等（2011）对深证 100 指数在 2004～2010 年的部分数据进行了遗传编程技术检验，发现存在超额收益，即其尚未实现弱势有效。李双琦（2016）依据分形理论并通过 R/S 分析法与 ARIMA 模型进行实证检验得出上海证券市场是一个无效市场。李佳（2017）通过建立 β 系数分布的数学模型探讨 β 系数市场表现值和真实值的差距，实证检验了中国资本市场的 β 系数分布，发现中国资本市场 β 系数整体上存在着高估现象，市场效率不高，投资者尚不够成熟。邵晶（2019）对我国股市进行对比分析，运用 Hurst 指数法和 GARCH 模型法进行检验，同样得出了我国股市尚未达到弱势有效性的结论，且深市非有效性更加突出。莫易娴和周乐敏（2020）研究了大数据时代我国股票市场的有效性，认为虽有效性有所增强，但仍未实现弱势有效。

已实现弱势有效的观点。持有该观点的学者主要有：宋颂兴和金伟根（1995）、张兵和李晓明（2003）、刘蓬勃（2006）、苏匡（2010）、许泌（2012）、赵浩东（2016）。得到支持弱势有效的数据基本是 1993 年以后的，而对于 1993 年以前的资本市场，学者一致认为尚未实现弱势有效。宋颂兴和金伟根（1995）对 1993 年 1 月 1 日沪市的 29 只股票进行了序列相关检验和游程检验，最终得出了在 1993 年后具有弱势有效的结论。张兵和李晓明（2003）在运用了传统的研究方法的基础上进行了创新，利用渐进有效性检验发现我国股市从 1997 年开始已实现弱势有效。刘蓬勃（2006）对 A 股和 B 股的有效性进行了对比分析，选取了 1999～2005 年沪深指数的日数据、周数据和月数据，分别进行了序列相关检验和方差比检验，结论如下：我国股市已基本达到弱势有效且 A 股强于 B 股、沪市强于深市。苏匡（2010）以百货商业行业为研究对象，利用 RBF 神经网络进行预测分析，发现实际值与预测值的差异很大，即我国股市已实现了弱势有效。许沁（2012）采用方差比检验法，以上证综指和深证综指为研究对象，研究表明我国股市已达到弱势有效。储元鳞（2015）基于市场定价效率视角进行了实证分析得出我国股票市场在短期内达到了弱势有效，但在长期未达到弱势有效。赵浩东（2016）依据 Eugene F. Fama 的市场有效性理论（假说），通过单位根检验并利用上证综合指数对上海股票市场的有效性进行了实证检验，得出上海股票市场为弱势有效。

尚未实现半强势有效的观点。持有该观点的学者主要有：靳云汇和李学（2000）、肖军和徐信忠（2004）、陈志国和周稳海（2005）、唐齐鸣和黄素心（2006）、丁健（2007）、宋歌和李宁（2009）、陈江鹏（2013）、何维钰和唐玥（2019）。靳云汇和李学（2000）针对买壳上市公司进行研究，观察它们信息公布前后的反映状况，得出尚未实现半强势有效的结论。肖军和徐信忠（2004）以沪深 A 股市场为研究对象，利用价值反转投资策略，研究表明我国股市并为达到半强势有效。陈志国和周稳海（2005）以市场对信息的反映程度为研究方向，发现市场对经营良好的公司反应过度，而对经营不好的公司反应不足，这说明我国股市尚未实现半强势有效。唐齐鸣和黄素心（2006）分别研究了沪深股市对于 ST 公布以及 ST 撤销事件的反应情况，发现其对信息的反应程度不够，这表明尚未达到半强势有效。丁健（2007）以沪深股票市场中各 20 只股票为研究对象，运用资产定价模型进行分析，发现我国股市尚未达到半强势有效。宋歌和李宁（2009）以 2009 年 3 月有"大小非"解禁行为为事件，以超额收益率为研究指标，观察其在解禁前后一段时期的变化，得出尚未实现半强势有效的结论。陈江鹏（2013）运用网络舆论信息检验沪市的有效性，认为其尚未具备半强势有效。赵昊华（2018）利用 capm 模型对我国沪市进行了实证分析发现我国当前的股票市场未达到半强式有效的阶段。何维钰和唐玥（2019）利用事件研究法，对深市的有效性问题进行分析，最终发现，其尚不具备半强势有效。

综合本章的分析，可以得出这样的结论：资本成本缺位必然导致股票定价机制的扭曲，进而使资本市场的资源配置功能失灵。

第8章 资本成本在资本市场发挥激励约束功能中的作用

激励约束功能是市场的一项基本功能,同时也是资本市场的基本功能。在市场经济中,"不能期望一个理性的人会提供不利于他本人的信息,也不能指望他会为无利可图之事做无限的努力。这些事实对经济体制的设计施加了约束,称为激励约束"。激励约束的重要性"与有用的资源数量有限而产生的资源约束一样重要"。一般认为,经济学是研究资源配置问题的,但从现代经济学的发展方向来看,经济学越来越注重对人类行为的分析,因此可以说,激励约束问题是经济学研究的精髓。需要指出的是,约束与激励同样重要:因为在任何"经济体制下,一个基本的社会问题就是要给生产者以动力去显示利用更少投入来生产一定的产出的可能性。那也就是说,一般地,社会希望阻止生产者使用比真实需要更多的投入"。可见,激励约束的目的是提高生产效率。

具体来讲,资本市场的激励约束功能体现在对上市公司管理层的激励约束上。在博迪与默顿看来,激励问题实际就是股份制公司的委托代理问题。[①]从这个意义上看,激励就是在信息不对称条件下设计一个使代理人和委托人分享剩余的激励性报酬契约,以使两者的目标函数趋于一致,从而减少代理成本和代理问题;约束则是通过各种内外部机制监督约束代理人的行为,以减少代理成本和代理问题。

本书认为,我国资本市场激励功能失效的一个重要原因是资本成本的缺位。为此,有必要强调资本成本对上市公司激励约束机制的作用,特别地,在8.1节和8.2节中将凸显资本成本产权的激励和约束作用,这是因为,"一个不难接受的基本思想是,'产权'会影响激励和行为"。

---

① 参见博迪,默顿. 金融学 [M]. 北京:中国人民大学出版社,2000.

8.1 资本成本在管理者激励机制中的作用

本节拟从委托—代理理论的基本概念和原理出发，运用信息经济学的思维方法来思考和分析管理者激励机制设计的重要性，并从产权理论的角度剖析资本成本约束下的剩余索取权的新形式。

8.1.1 激励理论综述

近40年来迅速相继出现了以严格数学模型为基础的信息经济学（information economics）、激励理论（the theory of incentives）、契约理论（the theory of contracts）和委托—代理理论（principal agent theory）。它们虽名称不同，却概指同一理论，不过是从不同的角度对企业管理者的激励问题进行研究。

在古典的企业家公司中，股东（所有者）和经理（经营者）合二为一，无所谓激励问题。现代公司制度的一个重要特征是企业所有权与经营权相分离，在所有者与经营者（经理）之间形成了委托—代理关系。由于委托人与代理人的目标可能不一致及信息的不对称，委托人无法准确观察代理人的行动，于是产生了激励问题。进入20世纪70年代以后，一方面由于威廉姆森等对交易费用理论的发展；另一方面由于信息经济学、契约理论或委托代理理论在微观经济学领域的突破，现代企业理论在近40年取得了迅速的发展，代理理论成为其中非常重要的研究课题。

詹森（Jensen，1983）将研究激励问题的代理理论分为两类：一类是规范的代理理论（normative agency theory），又称"委托—代理理论"，以斯宾塞（Spence）和罗斯（Ross）及为代表。规范的代理理论追求特定形式契约设计的数学模式，从效用函数、不确定性信息分布和报酬安排出发，构造风险适当分担的契约关系，以激励代理人在存在不确定性和不完全监督情况下，做出能使委托人趋于实现福利最大化的选择。另一类是以阿尔奇安（Alchian）、詹森（Jensen）、麦克林（Meckling）等为代表的实证代理理论。他们认为代理关系是作为一种契约关系，是一个或一些人（委托人）授权另一个人或一些人（代理人）为他们的利益而行事，并授予代理人某些决策权。委托人为了限制代理人的行为偏离委托人的利益，必须设置适当的激励机制减少代理人的代理成本。由于实证的委托—代理理论侧重代理成本的计量和实证分析，故又称为代理成本理论。

事实上，规范的代理理论或者委托—代理理论就是信息经济学中的激励理论。信息经济学可以分为两个重要的研究分支：一是在不完全信息条件下的经济分析，研究信息成本和最优信息搜寻问题；二是非对称信息（asymmetric information）条件下的经济分析。后者是现代信息经济学研究的核心内容，① 它所要解决的问题，可以归结为"道德风险"（moral hazard）和"逆向选择"（adverse selection）。对此，格罗斯曼和哈特（Grossman and Hart）构建了一个完整的道德风险模型，对有关文献提供了一个综合性解释。阿克洛夫（Akerlof）构建了一个逆向选择问题研究的分析范式。按照张维迎（1996）的介绍，人们习惯上把管理者激励即委托—代理理论特指道德风险模型。迄今为止，标准的委托—代理理论只给出了两个通用性观点：即在委托人对随机的产出没有贡献和代理人的行为不易直接地被委托人观察到这两项假设条件下：（1）在任何满足代理人参与约束及激励相容约束，而使委托人预期效用最大化的激励合约中，代理人都必须承受部分风险；（2）如果代理人是一个风险中性者，那么就可以通过使代理人承受完全风险的办法来达到最优结果。

近年来，委托—代理理论在多阶段动态博弈的委托—代理模型、② 委托人的道德风险和多代理人模型、多项任务委托—代理模型、多个委托人模型、最优委托权安排模型等方面取得了重要发展，使得委托—代理理论对现实制度的解释力越来越强。③ 这样，经过由威尔森（Wilson，1969）、罗斯（Ross，1973）、莫里斯（Mirrlees，1974）、霍姆斯特姆（Holmstrom，1979）以及格罗斯曼和哈特（Grossman and Hart，1983）等的不懈努力，信息经济学或委托—代理理论是经济学家终于成为迄今为止分析激励问题最有效、最通用的工具并形成了现代企业激励理论的核心。

8.1.2　霍姆斯特姆激励模型中资本成本的作用

信息经济学认为，现代公司制企业的效率高低，关键在于能否设计一套

---

① 由于非对称信息在经济社会中广泛存在（Akerlof，1970），因而信息和激励有着密不可分的联系。

② 这一模型将竞争、声誉等隐性激励机制引入了委托—代理关系中激励理论的内容。

③ 详细讨论请参阅张维迎．博弈论与信息经济学［M］．上海：上海三联书店，1996.

有效的监督激励契约以约束诱导每个代理人的行为。在为了解决这个问题，莫里斯（Mirrlees）提出了"委托—代理"理论。"委托—代理"理论试图模型化以下一类的问题：委托人想使代理人按照前者的利益选择行动，但委托人不能直接观测到代理人选择了什么行动，能观测到的只是另一些变量，这些变量由代理人的行动和其他的外生的随机因素共同决定，因而充其量只是代理人行动的不完全信息。委托人不可能使用"强制合同"来迫使代理人选择委托人希望的行动，只能通过选择满足代理人参与约束和激励相容约束的激励方式，诱使代理人从自身利益出发选择对委托人最有利的行动，以最大化自己的期望效用函数。莫里斯（Mirrlees，1974、1975、1976）和霍姆斯特姆（Holmstrom，1979）开创性地使用了"分布函数的参数化方法"（parameterized distribution formulation）来解决这一问题。

假设只有一个委托人和一个代理人，考虑的只是一次性签约的静态博弈契约。这时委托人不能观测到代理人的行动，为了诱使代理人选择委托人希望的行动，委托人必须根据可观测到的行动结果来奖惩代理人。①

假定 π 表示由代理人在选择行动 a 以后的产出。而 a 表示代理人的行动选择，它有两个取值，L 和 H，其中 L 代表"偷懒"，H 代表勤奋工作。如果代理人勤奋工作（a = H），π 的分布密度函数为 $f_H(\pi)$；如果代理人偷懒（a = L），分布密度函数为 $f_L(\pi)$。ū 称为保留效用，指代理人不接受工作时能得到的最大期望效用。同时假定对于所有的 π，$f_H(\pi) \geqslant f_L(\pi)$，即努力工作时高利润的概率大于偷懒时高利率润的概率。再假定 c(H) ≥ c(L)，即努力工作的成本比偷懒的成本高。此外，假定委托人希望代理人选择 a = H，为了使代理人有足够的积极性自动选择努力工作，委托人必须放弃帕累托最优风险分担合同。此时委托人的问题根据莫里斯和霍姆斯特姆的分布函数的参数化方法，变成选择激励合同 S(π)，求解下列最优化问题：

$$\max \int v(\pi - S(\pi)) f_H(\pi) d\pi$$

$$s.t. (IR) \int u(S(\pi)) f_H(\pi) d\pi - c(H) \geqslant \bar{u} \quad ②$$

① 以下推导引用了张维迎．博弈论和信息经济学［M］．上海：上海三联书店、上海人民出版社，1996 的部分内容

② IR 为参与约束，即代理人从接受合同中得到的期望效用不能小于不接受合同时能得到的最大期望效用，又称个人理性约束（individual rationality constraint）。

$$(\text{IC}) \int u(S(\pi)) f_H(\pi) d\pi - c(H) \geqslant \int u(S(\pi)) f_L(\pi) d\pi - c(L) \textcircled{1}$$

在上式中，$v(\pi - S(\pi))$ 和 $u(S(\pi))$ 分别代表委托人和代理人的期望效用函数，$c(H)$、$c(L)$ 分别代表勤奋工作和偷懒时的成本。其中激励约束 IC 说的是：给定 $S(\pi)$，代理人选择勤奋工作时得到的期望效用大于选择偷懒时的期望效用。令 λ 和 u 分别为参与约束 IR 和激励约束 IC 的拉格朗日乘数。那么，上述最优化问题的一阶条件为：

$$- v' f_H(\pi) + \lambda u' f_H(\pi) + u u' f_H(\pi) - u u' f_L(\pi) = 0$$

整理得：

$$v'(\pi - S(\pi)) / u'(S(\pi)) = \lambda + u(1 - f_L / f_H) \tag{8.1}$$

在统计学上，似然率 f_L / f_H 度量给定代理人选择 $a = L$ 时 π 发生的"概率" f_L 与给定代理人选择 $a = H$ 时 π 发生的"概率" f_H 的比率。它告诉观测者观测到的 π 在多大程度上来自分布 f_L 而不是分布 f_H。但是，式（8.1）无法保证较高产出 π 意味代理人的较高收入 $S(\pi)$，同时也无法保证 π 对 f_L / f_H 的单调性。只能说明 $S(\pi)$，即代理人的收入，对似然率 f_L / f_H 的单调性随似然率的变化而变化：f_L / f_H 越大，$S(\pi)$ 越小。显然，在委托人是风险中性的条件下（$V' = 1$），$u'(S(\pi))$ 不会等于常数，即当委托人不能观察代理人的行动时，帕累托最优风险分担是不可能达到的；为了使代理人努力工作，必须在契约的设计中让代理人承担一部分结果不确定的风险，并从这种风险承担中获得相应的补偿。

更进一步，霍姆斯特姆（Holmstrom，1982）发展了莫里斯的理论。他的一个重要贡献是，预测什么样的观测变量可以进入激励合同。除产出 π 以外，假设委托人还可以不费成本地观测到另一个外生变量 z。此时的激励方式不再是 $S(\pi)$，而是 $S(\pi, z)$。假设在不同努力程度下 π 和 z 的联合分布密度函数分别为 $h_L(\pi, z)$ 和 $h_H(\pi, z)$，则委托人的最优化问题变为：

$$\max \iint v(\pi - S(\pi)) h_H(\pi, z) dz d\pi$$

$$\text{s. t. } (\text{IR}) \iint u(S(\pi)) h_H(\pi, z) dz d\pi - c(H) \geqslant \bar{u}$$

---

① IC 为激励相容约束（incentive compatibility constraint）：即给定委托人不能观测到代理人的行动和自然状态，在任何激励合同下，代理人总是选择使自己的期望效用最大化的行动，因此，任何委托人希望代理人所采取的行动，都只能通过代理人的效用最大化行为来实现。

$$(IC) \iint u(S(\pi))h_H(\pi,z)dzd\pi - c(H) \geq \iint u(S(\pi))h_L(\pi,z)dzd\pi - c(L)$$

这时最优化的一阶条件是：

$$v'(\pi - S(\pi))/u'S(\pi) = \lambda + u(1 - h_L(\pi,z)/h_H(\pi,z)) \qquad (8.2)$$

比较式（8.2）和式（8.1），很明显，当式 $h_L(\pi,z)/h_H(\pi,z) = f_L/f_H$ 成立时，z 在激励方式中是不起作用的。

所以，$S(\pi,z)$ 要帕累托优于 $S(\pi)$，z 必须影响似然率 $h_L(\pi,z)/h_H(\pi,z)$，才能被放进委托人的激励方式中。这样的 z 被称为充分统计量（safficient statistics），委托人可以通过充分统计量 z 所包含的信息量，排除更多的外生因素的影响，使代理人承担较小的风险，其收入与产出的关系更为公平。这时的最优激励方式应该为 $S(\pi,z)$ 而不再是 $S(\pi)$。

可见，一个有效的薪酬激励制度必须至少满足以下三个条件：首先，代理人必须承担一定的企业经营风险。其次，代理人的报酬应随企业利润的变化而变化。最后，委托人在评价代理人工作业绩时，还应当加入另外一些与企业运行环境有关的充分统计量。

霍姆斯特姆进一步指出，有了充分统计量，就可采用相对业绩评价（relative performance evalution，RPE）即将代理人的相对排序和绝对业绩结合起来使用，来确定经理的报酬。这是因为，同一行业不同企业的经营业绩除了受每个企业经理的行为和特有的外生因素影响外，也受到某些行业性共同因素（如行业的市场需求、技术进步等）的影响。这样，企业自己的利润就不是充分统计量，因为其他企业的利润也包含着有关该企业经理行为的有价值的信息。例，一个企业的利润低可能有两种原因：一是经理不努力工作；二是存在不利的外部因素。如果其他处于类似环境的企业的利润也很低，那么，该企业利润低很可能是不利的外部因素造成的；相反，如果其他处于类似环境的企业的利润较高而该企业利润低，就更可能是经理不努力的结果。因此，将其他企业的利润指标引入该企业的经理报酬设计中，可以剔除更多外部系统性风险的影响，使经理的报酬与其个人业绩的关系更为密切，从而激励经理努力工作。因此，有效的激励机制是引入情况大致相同的其他企业的获利水平或是行业平均利润率作为参照即采用相对业绩评价方式来决定经理的报酬，这样可以增加经理报酬设计的科学性。

针对霍姆斯特姆关于将其他企业的利润引入经理报酬设计的建议也出现

了批评的声音。德姆赛茨（Dsmsetz）对相对业绩比较的合理性提出了质疑。他认为，与衡量绝对业绩相比，相对业绩的排序需要具备有关生产率的知识或预期。在某种程度上，这种知识的获得是困难的。拉齐尔（Lazear）也指出了相对业绩评价的不足之处，即相对业绩排序可以诱发代理人的串谋行为或代理人之间展开的对企业不利的恶性竞争。① 本书认为，虽然各企业的经营条件很难完全相似，以致以其他企业利润为基准的相对业绩评价方式在应用上有一定难度，但如果使用的基准指标是代表企业经营系统性风险的资本成本，即由企业利润扣除资本成本后再作为相对业绩的评价标准就可以克服上述缺陷，从而使得霍姆斯特姆激励模型臻于完善。

使用这种相对业绩评价标准最有效的激励模式就是 EVA（economic value added）激励模式。

8.1.3　以资本成本为基础的 EVA 激励与传统的管理者激励

这里对 EVA 激励与传统的管理者激励进行简单的优劣比较。

8.1.3.1　传统的管理者激励及其缺陷

在发达国家里，经理人员传统的薪酬一般由基本工资、红利计划、公司股票和股票期权等构成，除基本工资外，其他薪酬分别以利润为基础和以股票价格为基础。

1. 报酬合约中的固定收入：基本工资（base salary）。

基本工资是经理报酬收入中不随当期业绩变化的固定部分，以工资形式支付。目前基本工资已不能充分调动公司高级管理人员的积极性。

2. 基于会计信息的报酬契约：红利计划（bonus）。

红利计划是一种以会计利润等财务性业绩指标为基础的短期激励方式，包括现金红利和股票红利。与固定收入相比，这种报酬合约具有良好的激励作用，会使经理人员工作更加努力，减少过度投资，合理利用财务杠杆，并可能降低代理成本。虽然兰伯特（Lambert）的三篇文章分析了运用会计收益（净利润）而不是股票价格作为短期奖金发放基础的原因，认为净收益以历史成本为原则进行计算，具有可观察性和可靠性。但是，霍姆斯特姆则持相

---

① 参见黄再胜. 西方企业激励理论的最新发展 [J]. 外国经济与管理，2004（1）.

反意见，认为以净利润为基础作为支付经理人奖金不是最优的。原因是存在经理人操纵和歪曲净收益、为了奖励计划而追求短期效应的行为，另外，净利润对于经理人的努力程度所带来的全部经营成果的反应是滞后的，一些经营活动的成果可能被完全遗漏，它并不是一个充分统计量。

3. 业绩股份（performance shares）。

所谓业绩股份，是公司用普通股作为长期激励性报酬支付给经营者。但是，具体的股权转移要由经营者是否完成并达到了公司事先规定的业绩指标来决定。大多数公司以每股盈余（EPS）的增长水平作为标准来决定公司支付经营者股票报酬的数量。而每股盈余并不是充分统计量。这样，业绩股份的激励就存在与红利计划相似的缺陷。

4. 基于市场价值的报酬契约：股票期权计划（ESO）。

由于净利润指标的缺陷，需要更有效的长期激励手段以弥补净利润指标的不足，比较常用的是以股价为基础的业绩衡量标准，通常包括股票期权计划和股票增值权。

股票期权计划通过赋予管理者参与公司剩余收益的索取权，把对管理者的外部激励与约束变成管理者的自我激励与自我约束。因为股票期权计划本质上是公司给予其管理者的或有报酬，该报酬能否取得完全取决于管理者能否通过努力实现公司的激励目标（股价超过行权价格）。因此，股票期权既能提供有效的长期激励，又能避免盈余操纵。期权持有人为了获得最大的个人利益，就必须努力经营，使公司股价在有效的资本市场里持续上扬，最终实现委托人与代理人"双赢"的目标。

但美国公司财务造假案件证明股票期权这种激励机制也存在负面影响。主要表现在：首先，得到期权者并没有投入资本，因而不存在风险。换言之，期权只有激励作用，没有约束作用。其次，公司企业家拥有内部信息优势，可能出现财务造假或采取机会主义行为使行为短期化，强使股价提高取得期权收益。最后，随着管理者级别的降低，期权的效用急速下降。对于中层管理人员而言，很难注意到个人业绩与公司股票价格间的联系。

5. 股票增值权（stock appreciation right）。

股票增值权的设计原理与股票期权近似，都是以股价为基础的业绩衡量标准。但差别在于：在行权时，经营者并不像认购期权形式下要购入股票，而是针对股票的升值部分要求兑现。因此，股票增值权也存在与股票期权相似的缺陷。

8.1.3.2　以资本成本为基础的 EVA 激励

一个有效的激励机制应该能将以利润为基础和以股票价格为基础的薪酬设计的优点结合起来。并能在各业务部门内根据每个业务单元业绩水平给予相应的报酬，为公司整体以及各业务部门的发展提供持续动力，而且应该使业绩不好的企业或部门站在与明星企业或部门相同的起跑线上，从而使管理者将精力集中在公司业绩水平的不断提高上，而不必顾虑历史遗留问题的影响。最为重要的是，有效的激励指标应该符合充分统计量的要求。EVA 激励机制就是这样一种激励机制。

EVA 的理论渊源出自莫迪利安尼和米勒（Modiglian and Miller）1958 ~ 1961 年关于公司价值的经济模型的一系列论文。它表示的是一个公司扣除资本成本后的资本收益（return on capital，ROC）。也就是说，一个公司的经济附加值是该公司的资本收益和资本成本的差。站在股东的角度来看，一个公司只有在其资本收益超过为获取该收益所投入的资本的全部成本时才能为公司的股东带来价值。在 20 世纪 90 年代初，美国的两位学者斯特恩（Stern）和斯图沃特（Sterwart）提出了 EVA 的概念，为此建立了一个咨询公司，并将他们提出和定义的 EVA 在美国、加拿大、澳大利亚、法国、墨西哥和英国注册了商标。他们宣称 EVA 是一个以价值为基础、优于其他会计指标，例如每股收益、投资回报率，并能够评价公司发展战略以及经营业绩、评价公司的投资和并购项目、设计内部激励机制、评价内部经营业绩的一个单一的指标。英美的一些大公司都分别采用 EVA 作为内部管理控制的手段和方法。近年在中国大陆和中国香港地区的一些企业在咨询公司的指导下，也分别采用 EVA 作为公司价值的评价指标，或者作为内部激励机制设计的基础。

EVA 激励模式的思维是：按照 EVA 增加值的一个固定比例来计算管理者的货币奖金，即把 EVA 增加值的一部分回报给管理者，而且奖金不封顶。[①] 由于像回报股东那样去回报管理者，EVA 激励模式使管理者具有同股东一样的思维与动力。同时，企业员工也能按 EVA 的比例获得一部分奖励。于是，

---

① 一个典型的例子是，1993 年，沃特迪斯尼（Walt Disney）公司董事长迈克尔·艾斯纳（Michael Eisner）的年薪超过 2.03 亿美元。1984 年艾斯纳接管迪斯尼公司时，公司股票总市值为 22 亿美元，而到 1994 年，公司股票总市值已超过 220 亿美元。艾斯纳的薪金是与公司的利润挂钩的。迪斯尼公司税后利润超过 11% 资本收益的额外部分的 3% 作为的奖金。参见朱武祥译. 现代财务管理基础 [M]. 北京：清华大学出版社，1997.

EVA 奖励计划把股东、管理者和员工三者利益在同一目标下有机地结合起来，使职工能够分享他们创造的财富，进而培养良好的团队精神和主人翁意识。

著名的 EVA 先驱、SternStewart & Co. 财务咨询公司创始人斯图沃特（G. Bennett Stewart）曾这样形容 EVA 管理模式的优越性：中国农村改革的成功在于联产到户，EVA 革命的成功在于联 EVA 到人。他还说："我们是把社会主义的优越性同资本主义的实效性完美结合起来。"

需要指出的是，EVA 激励不仅克服了股票期权只有激励没有约束的缺点：管理者如果不努力工作，公司税后利润就会低于资本成本，其激励收入就会消失，这就在无形中起到了约束管理者的作用，而且还可以与股票期权计划结合，使期权机制能够更好地发挥作用。根据杠杆化的 EVA 股票期权计划（the EVA leveraged stock option plans），每一个高层管理人员每年得到的股票期权数量是由他的 EVA 奖金来决定的。将期权奖励与 EVA 管理模式结合起来使得期权本身成为一种可变的报酬，提高了整个激励制度的杠杆化程度。

综上所述，以资本成本为基础的 EVA 业绩评价指标不仅是多种不同形式报酬的最佳结合，而且是符合霍姆斯特姆代理模型的充足统计量指标。它的建立将更加贴近企业管理决策的实践，在保证股东与管理者目标一致或差异极小化的基础上，为企业管理者的业绩评价、管理者激励机制和选择机制[①]的设立起到积极的指导作用。

8.1.4　资本成本产权对剩余索取权的影响

资本市场的产权功能是资本市场的又一项重要功能，它通过对公司治理结构与传导机制的影响在企业经营过程中发挥着重要的作用。新制度经济学认为产权是最重要的激励因素。对于企业管理者而言，参与分享剩余索取权（residual claimancy）是最有效的激励形式[②]。剩余索取权是相对于契约收益

---

① 以资本成本为基础的 EVA 模型不仅可以有效地解决激励问题，而且可以作为信号传递理论中有效的信号，有助于克服企业家市场上的逆向选择问题。由于企业家的能力难以度量，所以只能用一些信号来间接显示，如学历、经历、财富等。显然，在所有信号中企业家创造的 EVA 是一个最合适的信号，它向投资者显示了企业经理为股东创造财富的能力。

② 按照新制度经济学的理论，剩余与效率密切相关，与激励完全相容。

权而言的，指的是对企业收入在扣除所有固定的契约支付（如原材料成本、固定工资、利息等）余额的要求权。传统的剩余索取权的定义是建立在所有权的法律定义的基础之上，认为由于包括企业管理者在内的雇员得到的是固定的契约支付，所以投资者才是企业的剩余索取者。然而，从现代经济学来看，给雇员支付固定报酬尽管符合最优风险分担原则，[①] 但从激励的角度来看，这种契约安排却是缺乏效率的。其原因是显而易见的，因为固定报酬安排对雇员额外努力工作无异是一种惩罚，相当于额外努力被课以 100% 的税收。

由于传统剩余索取权的这一缺陷，投资者就会积极地同管理者订立契约，让管理者的收入与企业的剩余挂钩，将双方的利益最大限度地结合起来。这样就出现了现代意义上的剩余索取权。现代的企业剩余索取权定义是建立在哈特（Hart）等不完全契约[②]理论的基础之上的。阿尔钦（Alchian）和德姆赛茨（Dsmsetz）等提出，为了解决团队成员的"偷懒问题"，应该让团队生产的监督者也能够占有剩余收益，以鼓励其监督的积极性。这样，企业管理者也就同样有权参与剩余索取权从而获得激励。

然而，正如前面所述，这种建立在现代的企业剩余索取权基础上的期股、期权等激励也出现了许多弊端，严重损害了投资者利益。为了弥补这一缺陷，真正保护投资者的利益，本书引入了新剩余索取权的概念，认为投资者也应该享有在既定经营风险下固定的契约支付。本书所使用的新剩余索取权是对现代剩余索取权的发展，指的是扣除了资本成本后的剩余索取权。[③] 建立在新剩余索取权基础上的激励契约才是最有效的激励契约。

剩余索取权、新剩余索取权与企业剩余的关系如图 8.1 和图 8.2 所示。

---

① 从风险有效分担的角度来看，在一个集体中，对风险回避度越高的成员在该集体中所分担的风险份额应越小。企业作为一个组织一般被认为是风险中立的，对风险的忍耐度趋于无限大，因此，从风险有效分担的角度来看，企业给其风险回避型的雇员支付固定的报酬将是最优的契约安排，即应将所有的风险都转移到企业而不让雇员（他们是风险回避者）承担任何风险。

② 契约不完全意味着收入中存在"剩余"，剩余收入是企业契约不完全性的内生特征，即当不同类型的财产所有者进入一个契约时，每个参与者在什么情况下可以得到多少收入并没有在契约中明确说明。

③ 新制度经济学认为，完整的产权包括占有权、使用权和所有权等，但这是一种理想形态，在现实中利益各方关注的往往是"收益权的分割"。因此，产权的明晰，关键在于"收益权的分割"的明晰。剩余索取权也是一种产权，扣除资本成本是对剩余索取权的进一步明晰。

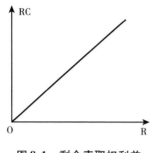 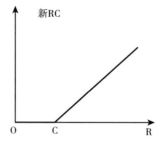

图 8.1　剩余索取权利益　　　　图 8.2　新剩余索取权利益
　　与企业剩余的关系　　　　　　　与企业剩余的关系

记企业的剩余为 R；剩余索取权利益①为 RC；新剩余索取权利益为新 RC，资本成本为 C。

图 8-2 中，新 $RC = \begin{cases} R-C & (R \geqslant C) \\ 0 & (R < C) \end{cases}$

由于"产权安排会影响资源的配置、产出的构成和收入的分配等"。因此，这样一种扣除资本成本的新产权安排必然会影响收入在投资者与公司管理者之间的分配。这种新的分配形式就是克服了期股、期权等激励模式弊端的 EVA 激励模式。

8.2　资本成本在管理者约束机制中的作用

在资本市场上，对公司管理者的约束机制与激励机制同等重要。"为了创造这种激励，为了在生产成本较低时阻止管理者占有大量的存在的社会利润，社会应该威胁管理者"。在一定程度上，一个有效的激励报酬机制自动地带有约束机制。例如，逆向思考 EVA 模式的激励逻辑，可以看到，公司管理者如果不努力工作，公司税后利润就会低于资本成本，其激励收入就会消失，这就在无形中起到了约束管理者的作用。

本节从更为一般的意义上探讨资本成本在管理者约束机制中的作用。

---

① 利益与权能是产权的两个方面。简单地说，剩余索取权的利益就是剩余索取权的大小。

8.2.1 资本成本在管理者约束机制中的直接作用

资本成本在管理者直接约束机制中的发挥作用主要表现在两个方面，即内部约束和外部约束。

8.2.1.1 内部约束机制

资本成本作为一种投资者产权，会直接对公司管理者形成约束。当公司提供的回报达不到投资者所要求的资本成本时，投资者就可以利用公司治理中的约束机制制约管理者的行为：或者"用手投票"，在股东大会上撤换管理层。被赶走的有关当事人的声誉往往会一落千丈。[①] 或者"用脚投票"，因不满而撤资转向其他的投资项目。当公司大多数股东都卖出股票时，股价便大幅下跌，董事会就会对经营者做出处理，这样对内部人起到了一种监督约束作用。[②]

8.2.1.2 外部约束机制

资本成本除了在公司内部对管理者形成约束外，还通过资本市场的定价机制在公司外部对管理者形成约束。

首先，资本市场上的股票价格可以评价公司管理者。在有效的资本市场中，市场持续不断地评估着上市公司的绩效。一个公司股票价格的升降对于分散的股东来说，是一个能揭示公司管理质量与绩效的可靠且易获得的信号。出资者通过对公司市场价格的观察和预期，可以评价公司经营者的经营管理水平。同时，公司的利益相关者还会根据评价的结果采取有利于他们的行为，这些行为包括更换公司经营层、出售公司股票、寻找合作伙伴以及引进新的投资者和经营者等，这些行为会给经营者带来相当的压力，迫使经营者尽职尽责，并通过努力工作用良好的经营业绩来维持股票价格。

其次，通过接管市场对公司管理者进行约束。资本市场对公司管理者进

---

① 在西方社会非常注重信誉、注重职业记录的环境下，被赶走是个人价值的最大贬值。在这个意义上，我们说，通过资本成本约束体现出来的压力是公司治理的原动力，资本成本是股东衡量所有问题的基础，也是公司运作的最终动力。

② 詹森和卢拜克（Jenson and Ruback，1983）的研究认为，在发达的资本市场上，分散的小股东可以通过"用脚投票"（即抛售经营业绩不良公司的股票）来实现对经理层的有效监控。

行约束的实质是对公司控制权的争夺，它的主要形式是接管。在《新帕尔格雷夫货币与金融大词典》的"公司治理"条目中，接管市场被认为是过去儿十年里英美公司治理的有效、简便、一般的方法，而且在其他对公司治理可能产生影响的因素不起作用的条件下，接管市场仍会发挥作用。因此，接管市场一般被认为是防止企业经理损害股东利益的最后一种制度安排。

当企业经营不善，偏离利润最大化状态时，其股价就会下降。下降到一定程度时，企业的价值就会被低估，即低于潜在的价值，收购该企业便有利可图，这时资本市场上就会有人以高于市场的价格向股东公开招标收购股票。一旦达到控股额度，就会改组董事，任命新的经营者，使企业重新回到利润最大化的轨道，股价上升，接管者便从中受益。据此，新古典资本市场理论认为，成功地接管可以替换不称职的经营者，使企业重新回到利润最大化状态。曼尼（Manne，1965）和马里斯（Marris，1964）较早地注意到资本市场上的收买和接管对经理的约束作用。他们认为，如果经理过分侵害股东利益，或因经营不善造成公司亏损，会降低企业的市场价值。于是，资本市场上的"袭击者"就会乘虚而入接管企业，这会使经理的声誉扫地，并有可能从此断送其职业生涯。即使未成功地接管也有积极作用。因为成为被接管的目标犹如向在位经理"踢了一脚"，使其警觉，发现并改正经营中的失误。为了避免它的发生，经理最好的办法就是努力经营，不敢偏离利润最大化这一目标太远。

通过上述分析，我们看到，作为股票风险定价的必要条件，资本成本可以通过资本市场的定价机制在公司外部对公司管理者形成有力的约束。

8.2.2 资本成本在管理者约束机制中的间接作用

这里所讨论的资本成本对管理者的间接约束是通过公司的债权融资行为实现的。[①] 其思路是资本成本产权会使公司管理者倾向于债权融资，而负债能够形成约束，使经理人员在压力下加倍努力工作。

1976 年詹森和麦克林（Jensen and Meckling）指出，如果企业不能及时清偿债务，或违反合同中的破产条款，企业就会破产。破产会使债权人在企业破产时有权终止管理者的工作，从而终止任何专用人力资本的未来收益或

---

① 本书第 6 章已经证明了资本成本的产权约束会导致公司的债权融资偏好。

他可能获得的租金。在他们的论述中，我们可以看到，负债可以使管理者受到如预算、补偿要求和操作规则等行为约束。詹森和麦克林的阐述开创了债务约束理论的先河。其以后的相关理论均是在此基础上发展起来的。

詹森（Jensen，1986）对于债务约束理论做了进一步探讨，建立了"纯粹自由现金流量模型"。在这一模型中，詹森利用了财务调整、财富转移说明了债务约束的有效性，并且利用石油行业的大量实际资料说明负债的利用使企业承担着向债权人支付现金的义务，从而减少了经理用于享受其个人私利的"自由资金"，在一定程度上降低了代理成本。特别是对于那些能产生巨大现金流量的行业与公司，债务的这种约束作用更加明显。由于管理者认为股权约束较宽松，而债务约束较强硬，故把股权称为"缓冲器"，把债务称为"剑"。

格罗斯曼和哈特（Grossman and Hart，1982）引入了破产机制来剖析债权融资对企业管理者的约束，他们认为，经营者个人的效用价值取决于他的职位，从而也依赖于企业的生存，企业一旦破产，经营者就会丧失享有的任职好处，承担一定的破产成本。如果经理不发行债券，在经营亏损应该破产清算时就不会有破产的风险，这意味着经理处在相对不受约束的地位，从而损害了股东权益。[①] 如果企业发行债券，由于面临着偿债及诉讼的压力，其及时清算或退出产业的可能性也就较大，对于经理就有一种约束作用。所以，一定比例的举债融资，可以促使经理更努力地工作，约束其个人消费行为，从而降低代理成本。

博尔顿和沙尔夫斯坦（Bolton and Scharfstein，1990）建立的模型认为，当债务违约时，作为对不还债的惩罚，债权人有足够的力量阻止公司从资本市场上筹资，因而也就切断了公司未来的资金来源，从而对管理者形成约束。

哈特和莫尔（Hart and Moore，1994）指出，债务是一种违约时给债权人一种权利的合约。也可以说是管理者者的承诺机制。通过债务，管理者让投资者相信，他们会很好地经营，不会做无效投资，也会将收益返还给投资者。当然，债务约束要想充分发挥作用，还应该有一个有效率的破产机制进行支持。

---

　　① 张维迎指出，在极端的情况下，即企业选择百分之百的股票融资的情况下，公司就没有任何破产清算的可能，即是指能获得纯股权融资的公司在促使公司清算及产业退出方面的无效率。

第9章 培育资本成本理念的制度措施

综前所述，资本成本特别是资本成本产权，是我国资本市场发挥应有功能的必要条件。只有从根本上恢复资本成本的本来面目，资本市场才能健康发展。因此，本章从制度经济学的视角提出了培育资本成本产权理念的制度措施。

9.1 资本成本是资本市场高度强调预期的产物

与其他要素市场不同，资本市场是一个高度竞争、高度博弈的市场。在这个信息爆炸的时代，资本市场上各类信息的获取差异不再是投融资决策优劣的决定性因素，处理信息的底层思维差异才是影响投融资决策胜败的关键所在。事实证明，在高度竞争、高度博弈的资本市场中，预期思维是市场参与者立于不败之地的必要条件。资本成本概念也就成为资本市场高度强调预期的产物。

9.1.1 从第一性原理看资本成本

桥水基金创始人瑞·达利欧说："所有一切的运转，都有赖于深藏其中的原则，也就是一串又一串的因果关系决定了这个世界的走向。如果你探索出了其中的因果关系，虽然不可能是全部，但最好是绝大部分，那么你无疑就掌握了打开这个世界藏宝箱的钥匙。"这句话讲的就是运用第一性原理思维解决问题。

第一性原理，英文叫作"first principle"，它最早是古希腊哲学家亚里士多德提出的一个哲学术语。亚里士多德认为，每个系统中存在一个最基本的命题，它不能被违背或删除。也就是说，第一性原理是决定事物的最本质的不变法则。埃隆·马斯克认为，自己的成功与第一性原理有很大的关系。他对于这个概念的解读是："我们运用第一性原理而不是比较思维去思考问题是非常重要的。我们在生活中总是倾向于比较——别人已经做过了或者正在做这件事情，我们就也去做。这样的结果只能产生细小的迭代发展。第一性原理的思考方式是用物理学的角度去看待世界，也就是说一层层剥开事物的表象，探究最底层的逻辑，看到里面的本质，然后再从本质一层层往上走。"

例如，我们中学学的欧几里得几何学是一个非常庞大的体系。但最初只是从五条公理推导出来的。这五条公理是：

（1）任意两个点可以通过一条直线连接；

（2）任意线段能无限延伸成一条直线；

（3）给定任意线段，可以以其一个端点作为圆心，该线段作为半径作一个圆；

（4）所有直角都全等；

（5）若两条直线都与第三条直线相交，并且在同一边的内角之和小于两个直角，则这两条直线在这一边必定相交。

欧几里得几何学的所有体系都是基于这五条法则推导出来的，这就是欧几里得几何学的第一性原理。

再如，2002 年，马斯克开始了向火星发射第一枚火箭的探索。在访问了世界各地的航空航天制造商之后，马斯克发现购买一枚火箭的成本是个天文数字——高达 6500 万美元。考虑到高昂的价格，他开始重新思考这个问题。马斯克在一次采访中说："让我们看看基本原理。火箭是用什么做的？航空级铝合金，外加一些钛、铜和碳纤维。然后我问，这些材料在商品市场上的价值是多少结果发现，火箭的材料成本大约是市场价格的 2%。"马斯克没有花数千万美元购买一枚成品火箭，而是决定创建自己的公司，以低廉的价格购买原材料，自己制造火箭。于是 SpaceX 公司诞生了。几年之内，SpaceX 将火箭发射价格降低了近 10 倍。①

第一性原理告诉我们，当我们要解决问题时，要从现象背后最本质的、不变的规律出发，即打破一切知识的藩篱，回归到事物本源去思考基础性的

---

① 奥赞·瓦罗尔. 像火箭科学家一样思考：将不可能变为可能 [M]. 北京：北京联合出版社，2020.

问题，从客观世界的最本源出发思考并解决问题。

前面已经分析，资本成本这一概念是现代金融学理论的核心，位于公司财务决策与资本市场的交汇处，是公司金融理论和资产定价理论的基础。如果我们把现代公司财务理论和资本市场架构看作一个整体系统，从第一性原理的视角看，资本成本就是这个系统中决定一切投融资决策优劣、进而影响整体系统功能的核心要素。要完善资本市场的各项功能，就必须从恢复资本成本理念出发。

9.1.2 资本成本是资本市场高度强调预期的产物

与普通的要素市场不同，资本市场是一个充分竞争与高度博弈的场所，每一个机会都有大量的人去争取，大部分机会都正在或者即将经历激烈的竞争。如果想要在激烈的资本市场竞争中做出最优决策，就必须要具有独特的思维方式，即强调预期的作用，"想他人所未想"。

橡树资本合作创始人霍华德·马克斯是知名价值投资者。他自 20 世纪 90 年代开始针对投资人撰写"投资备忘录"。在 2000 年 1 月份的投资备忘录中，他预言了科技股泡沫破裂，之后声名鹊起。霍华德·马克斯在《投资最重要的事》一书中写道："记住，你的投资目标不是达到平均回报水平；你想要的是超越平均水平。因此，你的思维必须别人更出色，即思考更周密、水平更高。其他投资者也许都聪慧、信息灵通并且善于运用电脑，因此你必须找出一种与众不同的优势。你必须想他们所未想，见他们所未见，或者具备他们所不具备的洞察力。你的反应与行为必须与众不同。你必须比其他人更加正确。"其中的含义是，你的思维方式必须非比一般。你要表现与普通人不同，你的预期，甚至你的投资组合都必须偏离常态，你的看法必须比大家的共识更为正确。与众不同并且更出色。

查理·芒格是巴菲特的黄金搭档，有"幕后智囊"和"最后的秘密武器"之称。对于芒格独到的投资哲学及其对自己的影响，巴菲特深表佩服和感激。他坦言："查理把我推向了另一个方向……他用思想的力量拓展了我的视野，让我以非同寻常的速度从猩猩进化到人类，否则我会比现在贫穷得多。"查理·芒格在他的演讲中批评了现行经济学理论不注意二级效应："（经济学）对二级或者更高级别的效应关注太少。因为结果会产生结果，而结果的结果也会产生结果。这变得非常复杂。"因此投资领域必须采取预期思维。他说："凯恩斯指出，投机者必须思考其他人在想什么，其他人在想市场的什么（并周而复始地思考下去）。这就是所谓的"凯恩斯式的选美比赛"。凯恩斯如此描述这种比赛：这种情况不是根据个人最好的眼光去选择那些真正最漂亮的"面孔"，甚至不是那些被普遍认为最漂亮的。我们达到了第三个层次，那就是奉献出我们的聪明才智，去预测普通意见期待的普通意见是什么。"

也就是说，投资者的最优决策必须考虑到，每一个投资行动都会导致一个后果，而每一个后果都有进一步的其他后果：如果我这么做，竞争对手会有什么样的反应？他的反应是否会改变做这些事情的前提条件？我能够在他反应之前，提前解决这些问题吗？我能看到竞争者看不到的东西吗？等等。

达利欧也表达了相似的观点，他在《原则》一书中强调要考虑后续与再后续的结果，这个"后续与再后续"同样强调的是预期思维。如果人们过度重视当前效果而忽视预期结果，就很难实现想要的目标。因为当前效果和预期结果经常是相反的，这会带来重大的决策失误。所以必须总是要比其他投资者多思考一步。

安迪·凯思勒在华尔街工作近 20 年。他所创立的对冲基金在 IT 领域收获甚丰，曾列为盈利率第四高的对冲基金，并在互联网泡沫风潮中全身而退，被视为华尔街的奇迹。他说"信息发布只在几毫秒之内，所以再也没有什么时间优势了。你必须走在新闻的前面，你必须看到变化的事物变化得多么迅速，而不是仅看到变化而已。""大多数操纵对冲基金的家伙在知道别人所不知道的事情的时候，便跑到另一端做交易，那就是他们的优势。"

历史上，西晋重臣何曾就具有顶级的预期思维。何曾经常陪同晋武帝参加宴会，回家之后，就对儿子们说："皇上开创基业以来，每次宴会我都参加，从没有听到他讲到治理国家的长远打算，谈的都是日常琐事，没有给子孙后代作长远打算的办法，他自己这一辈子还可以过下去，后代怎么办啊！你们好像还可以免祸。"又指着孙子们说："到他们一定要惨遭祸乱。"后来，果如何曾之言。经历"八王之乱"之后，永嘉三年（309 年），何曾的孙子、尚书何绥遭诬害被杀，何绥的哥哥何嵩痛哭流涕地说："爷爷怎么这样料事如神啊！"

充分竞争与高度博弈的资本市场更是充满了预期思维。

例如，2021 年初国内新冠疫情防治严峻，上证指数虽然上涨，但有些人们认为疫情与温度成反比，一年中最冷的时间是"三九四九"。"四九"结束的日子是 1 月 25 日。从这天起，旅游类股票逆市上涨，之后虽然上证指数出现周线下跌趋势，但旅游类股票却因气温不断上升出现周线上涨趋势。

可见在充分竞争与高度博弈的资本市场里，价格反映的是预期的变化。投资者所有交易的标的是预期信息，既不是过去信息也不是现在信息，而是对未来预期信息进行交易。顺理成章地，强调投资者预期收益率的资本成本概念自然就是题中应有之义。

9.2　培育资本成本理念的制度措施

资本成本的缺位首先是资本成本理念的缺位，因此，恢复资本成本本来面目，首先是指培育投资者的资本成本产权理念。[①] 按照产权理论，世界上不存在所谓"绝对权利"。任何个人的任何一项权利的有效性都要依赖于：（1）这个人为保护该项权利所做的努力；（2）他人企图分享这项权利的努力；（3）任何"第三方"所做的保护这项权利的努力。因此，培育投资者的资本成本产权理念需要政府、理论界和资本市场各方参与者的共同努力。

本书认为，培育资本成本产权理念应该从以下五个方面入手。

9.2.1　在财务理论中彻底摈弃资金成本概念

第 4 章中已经指出，资本成本的缺位是资本成本与资金成本的混淆造成的。而目前我国财务学界仍存在资金成本、资本成本不分的现象，这势必也会影响资本市场对资本成本的真正认知。因此，要培育资本成本产权理念先应在我国财务学界摈弃要素成本意义上的资金成本概念，真正接受投资者必要报酬率的资本成本。

9.2.2　向普通大众普及资本成本产权理念

事实上，中国资本市场的缺陷，并不是一些表面的问题。单纯强调通过建立一系列制度来规范中国的资本市场是远远不够的。市场参与者缺少

---

① 资本成本的产权性质得到确认后，其数值的确定就是一个纯技术问题了。

资本成本意识是问题的关键所在。这种理念意识虽然没有相应的法律规定，也没有具体的章程约束，但不论上市公司高管还是全体股东都应当具备和遵守。钱颖一在介绍市场经济的决策过程时特别指出，决策过程的背后是每一个人都可以充分地利用他所观察到的信息。这里讲的信息，绝大部分并不是"专家知识"，而是那种分散在普通大众①中的、非专业的、非常本地化的知识，哈耶克称之为"本地信息"（local information）。这种知识才是创造财富的重要源泉。郎咸平也强调英美法的精髓之一就是依据普通大众的知识作为法律判案的依据。可见，在市场经济中，一种真正有活力的制度安排应该是社会大众的共识。所以，资本成本应该是一种全民的、而非精英的权利理念，不应该仅仅为投资者所独有。因此，健全资本市场应该从最基本的问题着手，培养中国资本市场的资本成本理念文化。如果投资者能够加强资本成本权利意识，就会通过公司治理结构对公司管理者形成硬性约束。

9.2.3 加强上市公司的信托责任

现代企业制度下的公司法，其精神核心是"信托责任"（fiduciary duties），也翻译为"信义义务"。《新帕尔格雷夫法经济学大辞典》认为"信义义务分为两大类：即忠实义务和善管义务"。其中的"忠实义务"是指信托关系中受托人必须以受益人的利益为处理信托事务的唯一依据，而不得在处理事务时，考虑自己的利益或者图利他人，必须避免与受益人产生利害冲突。这种忠实义务体现在现代企业制度中，就是大众将自己的私有财产交付于公司企业，由它负责将所有股东的利益最大化，这种精神贯穿于全体股东，贯穿于公司所有高管人员。即便没有法律规定，没有章程约束，这种忠实义务所代表的信托精神也应一直持续有效。

长期以来，我国引进经济理论与资本市场制度时单纯强调经济人假设，过分强调了经济人自私、利益相互对立的一面，而忽视了人存在利他且各市场参与主体之间存在合作与信任的一面，以致我国公司法缺乏这种"fiduciary duties"。要真正保护中小投资者的资本成本产权，就需要加强上市公司的信托责任。

---

① 普通大众包括民工、家庭妇女、地方官员等。

9.2.4 扩大资本市场对外开放，在投资理念、估值方法等方面尽早与国际接轨

扩大开放资本市场，可以引入成熟市场的价值评估标准和方法，促进国内投资者投资理念的不断成熟并转变上市公司的经营理念，有利于更好地实现价格发现功能，更好地为实体经济服务。我国资本市场的对外开放，是一个长期、系统的工程：1992 年建立 B 股市场，为境外投资者提供了投资境内上市公司的渠道；2002 年、2011 年相继推出 QFII、RQFII 制度；2014 年实施"沪港通"制度、2016 年实施"深港通"制度、2019 实施"沪伦通"制度；2019 年版《市场准入负面清单》已修订完成，清单长度进一步缩减；2019 年开启 H 股"全流通"改革，符合条件的 H 股公司和拟申请 H 股首发上市的公司，可依法依规申请"全流通"；2020 年实施新修订的《外商投资法》，明确规定我国对外资企业实行准入前国民待遇加负面清单管理制度。

可以预期，随着我国资本市场的进一步对外开放，我国资本市场参与各方将不断提升资本成本理念，更加注重包括流通股股东利益在内的全体股东的利益和回报，使资本市场越来越走向成熟。

9.2.5 建设和完善多层次资本市场

我们可以从美国多层次资本市场的发展历史得到若干启示。美国形成多层次资本市场的历史轨迹为：（1）社会性的实物市场交易系统萌发。（2）产权股份概念诞生，开始出现产权交易、股份流通。（3）经纪人、交易商诞生，交易地点为露天和咖啡馆等，全美多处有类似组织。（4）少数几个经纪人与拍卖商签定"梧桐协议"，渐渐演变为纽约证券与交易委员会。同时众多类似私人组织的证券交易所在全美各地存在。（5）融资性股份的诞生。（6）伴随着运河热、淘金热、铁路热、钢铁热、石油热等，出现大量债券并催生了股权融资的发展，股票市场开始快速发展。（7）经过长期兼并整合逐步形成现在的美国多层次的资本市场体系。在这一历史进程中，投资者的资本成本产权理念得到了充分的演进和保护。

目前我国的资本市场还仅仅局限于公开的资本市场即深沪证券交易所市场，这是一种以二级市场为绝对主导的、高端信用的软约束资本市场。我国

在资本市场建设之初就利用后发优势直接借鉴学习发达国家高端资本市场的经验无可厚非。但是十多年来，我们对资本市场的认识却被误导，在没有培育出全民性的资本成本理念的情况下，贸然停留在单纯的高端信用的软约束资本市场上。殊不知，西方国家这种高端信用的软约束资本市场必须以投资者的资本成本约束为基石才能健康持续运行。

笔者认为，为了培育资本成本理念，资本市场需要进行根本的改造。在我国还未成为真正的契约社会之前，资本市场的建设不宜仅仅局限于软约束的高端资本市场（即公开的资本市场），当务之急更应该发展硬约束的低端信用资本市场。

1. 加紧建设私募资本市场。

私募资本（包括私募基金）市场与一般公开的资本市场相比较，具有很高的不确定性、信息不对称性以及较低的流动性，因此属于资本市场中的初级阶段或早期阶段。但正因为是私募，投资者一般与募股企业①有着千丝万缕的联系，甚至就是企业周围的居民或者老板的亲友，对所投资的企业也有非常直观的认识，其监督作用和效果非常明显，对企业管理者的经营和分配自然就形成了硬约束机制。从西方国家资本市场的发展历史来看，最初的资本市场就是私募资本市场，其今天的投资理念正是在私募市场上历经几百年的反复与磨砺才逐渐建立起来的。因此，加紧建设私募资本市场是一个很好的选择。

同时，私募资本市场更多地属于一级市场。我国资本市场的一个显著特征是一级市场几乎就是二级市场的附属物。在某种情况下，相对于一级市场，过于强调流动性的二级市场反而不利于培养投资者的投资意识。诺奖得主萨谬尔森对中国发展资本市场也提出了相同的建议，"中国目前最需要的，不是纽约证券交易所、芝加哥商品交易所一类的组织。从基础的农业开始，引导人们追求其利益或利润，这将比建立一个有组织的市场，进行股票、债券交易，进行担保和买进卖出等重要得多"。笔者认为这是十分中肯的建议。

2. 发展壮大企业债券市场。

企业债券比股票对公司管理者具有更强的约束力是一个不辩的事实。通过债券融资能够实现资本成本对管理者的硬性约束。放宽债券发行的条件、

---

①　莫迪利安尼在 1994 年回答高小勇提出的中国企业如何进行股份制改造时建议不要采用公众公司的形式。参见高小勇. 诺贝尔经济学奖得主专访录 [M]. 北京：中国计划出版社，1995.

鼓励企业发行债券、做大做强企业债券市场就是一个强化投资者资本成本理念的良好渠道。

3. 大力发展机构投资者。

在成熟的资本市场中，大多以机构投资者为主体，而其他投资者通常会通过委托机构参与资本市场活动，散户投资者很少。因为机构投资者拥有较多的上市公司的信息，并且通过资产配置并长期持有来获取收益，使市场整体换手率低，投机性不强，价格发现能力较好。但由于我国资本市场上散户投资者众多，他们的投资水平较低，风险承受能力差，导致资本市场具有较大的波动性，不利于资本市场发挥其功能。因而应当大力发展机构投资者，使机构投资者成为市场的主体，并由机构投资者带动培育个人投资者的资本产权理念。

4. 加快批准红筹企业在境内上市。

2020年4月30日，经国务院批准，证监会公布了《关于创新试点红筹企业在境内上市相关安排的公告》。公告规定已在境外上市红筹企业回归应满足拥有自主研发、国际领先技术，科技创新能力较强，同行业竞争中处于优势地位等条件。在美国上市的优秀中概股将会加速回港股，最终目标是回归A股。这些红筹企业的回归，将促进资本市场支持实体经济、支持创新升级、提高国内资本市场整体上市公司质量，同时也会进一步提升A股的定价效率、促进上市公司的优胜劣汰。

9.2.6 调整红利及税收政策，促进资本市场发展

在西方成熟市场，价值投资理念建立的前提是完善分红制度。以巴菲特投资可口可乐为例，1988年购买该股的成本为12.99亿美元，可口可乐一贯的高分红政策给股东带来丰厚的分红收益，24年间伯克希尔累计获得可口可乐分红收入31.7亿美元。可见，培育资本成本投资理念必须具备相应的价值投资土壤，引导上市公司建立持续、稳定的红利政策是投资者价值投资的必要前提。如果估算上市公司把利润的60%作为红利分配出来，分红新政策持续2~3年，就能彻底改变股市投资文化。越来越多的普通投资者就可能改变炒作交易的心态，从长期投资角度选择和持有股票。

为了改变公司管理者心目中缺乏资本成本理念的现象，监管当局也应该积极采取措施强化资本成本的约束力。例如，要求公司必须向资本市场投资

者承诺若干比例的现金分红，① 若无法实现，则董事长、总经理应引咎辞职。如果这一措施全面实施有难度，可以先从增量入手。可以考虑当上市公司发行新股时，要以董事长、总经理的个人财产为风险抵押金，向股东承诺一个市盈率，承诺一个确定的红利回报率，而不仅仅是在募股说明书上随意报出一个投资项目预期收益率。倘若达不到这个指标就要用上市公司董事长、总经理的个人财产抵押金向股东赔偿损失。或者，融资企业分红额度在没有达到其当初上市融资额度的时期内，企业高管股权不得解禁，辞职也不得携带股份，企业股票也不得解禁套现。或者，一旦出现亏损，公司股票与高管股票将永远不得解禁套现。通过这种做法，就可以对股权融资进行比较严格的硬约束，并从源头上把住上市公司的质量。流量改变了，存量就会慢慢地被改变。

为此，管理当局应该出台相应的配套政策抵免或免征红利所得，促进资本市场发展。为避免双重征税，可以考虑用抵免制和免征制来减少目前红利分配政策对股市造成的损害。红利抵免制的核心是把公司缴纳的部分或全部税款归属给股东所得股息中去，以抵免股东的个人所得税。免征制是指股东个人所得的股息收入不作为个人一项所得，免除缴纳个人所得税。

9.2.7　鼓励上市公司开展回购业务

股份回购（stock repurchase）是指上市公司利用自有资金或债务融资收购本公司发行在外的股份，将其作为库藏股或进行注销的行为。股份回购是国外成熟证券市场中常见的一种资本运作方式和公司理财行为。自 20 世纪 70 年代在美国证券市场产生以来，股份回购逐渐扩展到英国、德国、日本等国资本市场，并且被越来越多的上市公司所使用。自 20 世纪 80 年代以来，上市公司回购的金额和规模越来越大，例如 1989 年和 1994 年，埃克森石油公司分别动用 150 亿美元、170 亿美元回购本公司股票，1985 年菲利浦石油公司动用 81 亿美元回购 8100 万股公司股票。1994 年美国公司股票回购总金额高达到 690 亿美元。日本自 1994 年起，开始允许上市公司在满足一定条件下回购股票。1995 年只有两家宣布回购计划，1996 年增加至 13 家，到 1997 年激增至 129 家。到 2004 年 1 月底，宣布回购计划的公司达 200 多家，回购

---

① 美国上市公司派现一直是最主要的红利支付方式。在 1971～1993 年，美国公司税后利润中约有 50%～70% 被用于支付红利，此后支付红利比例也高达 40%～60%。美国增加红利的上市公司数目也远远多于减少红利的上市公司数目，对投资者进行分红，已经是美国股市文化的基本常态。

股票总额达 20 多亿股，金额 190 多亿美元。

国外经验数据和研究表明，股份回购对股票超常收益有显著正向影响，其信号传递作用在不同程度上促进公司股价的上升，而且其影响是一个逐步释放的过程。柯南·陈（Konan Chan，2001）等对美国市场 1980～1996 年的股票回购的研究表明，回购后 1 年的累计超常收益是 6.1 个百分点，回购后 4 年的累计超常收益达到 20.63 个百分点。随着时间的推移，回购对市场的影响有增强的趋势。1980～1990 年的回购 4 年累计超常收益是 13.56 个百分点，1991～1996 年的回购 4 年累计超常收益达到 25.82 个百分点。可见股份回购的意义在于有利于保护股东特别是社会公众股股东的利益，增强投资者投资信心，维护公司资本市场良好形象。回购将减少公司的总股本，在相同的利润水平下，公司的每股收益将增加，相当上市公司提升了自己公司的资本成本，从而降低公司股票市盈率或推动股价上涨。

因此，从培育资本成本投资理念的角度来看，采取必要的措施鼓励上市公司开展回购业务是一个具有可操作性的选项。

9.2.8 完善与资本市场密切相关的基础性、机制性制度

我国资本市场面临诸多制度缺陷，阻碍了资本市场功能的进一步发挥，甚至可能对宏观经济带来极大的负面影响，因此，我国资本市场需要进行制度创新，从而从制度上保证资本成本理念的完善。

1. 避免新股发行后业绩变脸。

新股发行后业绩变脸是我国资本市场经常出现的问题，严重损害了流通股股东的利益。据北京商报统计，在 2018 年 105 家首发上市的企业中，有 41 家公司 2018 年实现的归属净利润出现同比下滑现象，约占所有新股的 39%。另外，在业绩下滑的情形下，2018 年上市新股还出现了多只个股破发的情形。为保证大小非尊重流通股股东的资本成本，避免新股发行后业绩变脸现象频频发生，监管层应采取必要的行政措施：可以考虑将新股大股东的限售期与上市公司业绩挂钩，从而保证上市公司的质量，避免业绩变脸现象频频发生，例如可以出台规定，一旦经营业绩出现下滑，上市公司大股东限售期自动向后延长。

2. 建立有效退市制度，打破股市"刚性兑付"。

退市制度是根基性的制度，是制度建设的前提。成熟的资本市场往往有

两个情况：一是每年上市的企业和退市的企业大体相当；二是每年退市企业中，主动退市和被动退市企业大体相当。但是由于我国上市公司退市制度不够完善，每年上市的企业远超过退市的企业，导致资本市场规模在扩大的同时投资重点分散化，股价易跌难涨，甚至产生恶性循环。因此，只有将退市制度市场化、有效化，才能够真正实现资本市场的优胜劣汰，进一步实现投资者资本成本产权理念的发挥。

3. 适时推出真正的个股做空机制。

大股东高位套现减持股份一直是散户投资者所厌恶的行为。如果投资者缺乏资本成本理念，股票定价就会远远高于其内在价值，大股东高位套现就会屡禁不止。尽管证监会多次批评，但在巨额利益面前没有足够的制度约束这种行为，所以有必要从制度上解决这个问题。由于发达国家资本市场以机构投资者为主体，所以大股东减持会受到机构投资者的制约，但在中国资本市场中，散户投资者无法采取有效措施遏制大股东，如果大股东把散户投资者当做交易对手甚至欺骗投资者，风险极高，对散户来说也极不公平。因此，监管层应当考虑给予散户提前于大股东减持的权利，适时地引入股票做空机制，使投资者能够针对被高估的个股做空。只有这样，才能使资本市场健康发展。

9.2.9 转变监管思路，加强资本市场监管

"上市公司造假"是资本市场忽视资本成本产权的必然结果。虽然监管层提出要对上市公司造假进行严厉打击，但至今只停留在口头上，以致造假公司的"地雷"不断引爆。只有进一步加强资本市场监管，形成对财务造假公司市场化惩罚制度，使市场更有效地发挥价格发现机制，才能为投资者构建良好、规范的资本市场，才能有助于培育资本成本理念。

参考文献

[1] 阿斯瓦斯·达摩达兰. 应用公司理财 [M]. 北京：机械工业出版社，2000.

[2] 博迪与默顿. 金融学 [M]. 北京：中国人民大学出版社，2000.

[3] 曹凤岐. 用制度创新重塑股市功能 [N]. 中国证券报，2003-09-01.

[4] 曹凤岐. 中国资本市场的根本问题在于制度缺陷 [J]. 北大商业评论，2015（7）：82-84.

[5] 陈灯塔，洪永淼. 中国股市是弱有效的吗 [J]. 经济学季刊，2003，3（1）.

[6] 陈刚，李树，刘樱. 银行信贷、股市融资与中国全要素生产率动态 [J]. 经济评论，2009（6）：47-56，66.

[7] 陈江鹏. 基于网络舆论的我国股票市场有效性检验研究 [D]. 成都：西南财经大学，2013.

[8] 陈伟，刘星，杨源新. 中国股票市场股利政策信息传递效应的实证分析 [A]. 选自刘树成，沈沛主编. 中国资本市场前沿 [M]. 北京：社会科学文献出版社，2000.

[9] 陈文，王飞. 负债融资约束与中国上市公司股权融资偏好 [J]. 投资研究，2013，32（7）：36-47.

[10] 陈星月. 基于地区差异的上市公司融资方式选择偏好 [J]. 北京金融评论，2015（3）.

[11] 陈妍. 多元化战略、经济绩效与资本结构——关于上市公司股权融资偏好解释 [J]. 现代商贸工业，2017（31）：9-11.

[12] 陈雨露. 公司理财 [M]. 北京：高等教育出版社，2003.

[13] 陈志国，周稳海. 我国证券市场"末班车现象"与市场有效性的经验分析 [J]. 商业研究，2005（24）：141-144.

［14］谌勇 . 我国资本市场的发展动因、功能缺陷及完善对策［J］. 理论月刊，2000（6）.

［15］程建国 . 中国资本市场的功能定位及国企改革［J］. 江汉论坛，2001（2）.

［16］仇彦英 . 企业过度偏好股票融资有副作用［N］. 上海证券报，2001 - 05 - 29.

［17］储元麟 . 我国股票市场效率的实证分析［D］. 上海：上海交通大学，2015.

［18］褚嘉璐 . 中国经济政策不确定性与上市公司股票价格的动态关系研究［D］. 青岛：青岛大学，2018.

［19］辞海［Z］. 上海：上海辞书出版社，1979.

［20］戴国强，吴林祥 . 金融市场微观机构理论［M］. 上海：上海财经大学出版社，1999.

［21］丁健 . 刍议中国股票市场的有效性检验［J］. 时代金融，2007（11）：68 - 69.

［22］丁振松 . 从突发事件看中国股市的有效性——基于动车事故的实践研究法分析［D］. 济南：山东大学，2012.

［23］董辅礽 . 关于资本和资本市场的功能和贡献［J］. 经济界，2003（2）.

［24］范学俊 . 金融体系与经济增长：来自中国的实证检验［J］. 金融研究，2006（3）：57 - 66.

［25］冯根福，吴林江，刘世彦 . 我国上市公司资本结构形成的影响因素分析［J］. 经济学家，2000（5）：59 - 66.

［26］冯根福，赵健 . 现代公司治理结构新分析——兼评国内外现代公司治理结构研究的新进展［J］. 中国工业经济，2002（11）：77 - 78.

［27］冯远春 . 谁在掏空中国股市［J］. 新财经，2002（10）.

［28］傅元略 . 财务管理［M］. 厦门：厦门大学出版社，2003.

［29］耿贵彬，康悦 . 从成本的角度看我国上市公司的融资选择［J］. 华东经济管理，2004（6）.

［30］辜胜阻，曹誉波，杨威 . 科技型企业发展的多层次金融支持体系构建［J］. 商业时代，2011（22）：77 - 78，102.

［31］辜胜阻，庄芹芹，曹誉波 . 构建服务实体经济多层次资本市场的

路径选择 [J]. 管理世界, 2016 (4): 1-9.

[32] 辜胜阻, 庄芹芹. 资本市场功能视角下的企业创新发展研究 [J]. 中国软科学, 2016 (11): 4-1.

[33] 郭健喆. 我国上市公司股权融资偏好 [J]. 现代商业, 2017 (35): 41-42.

[34] 哈特著. 企业、合同与财务结构 [M]. 费方域, 译. 上海: 上海三联书店, 1998.

[35] 韩志国. 认清发展轨迹正视股市十个现实问题 [N]. 上海证券报, 2002-03-05.

[36] 韩志国. 要辩证地看待中国股市存在的问题 [N]. 上海证券报, 2001-02-08.

[37] 韩志国. 中国股市需要进行第二次革命 [N]. 上海证券报, 2003-09-16.

[38] 郝以雪. 我国民营上市公司股权融资偏好影响因素的实证研究 [J]. 西南金融, 2013 (9): 11-16.

[39] 何丹, 朱建军. 股权分置、控制权私人收益与控股股东融资成本 [J]. 会计研究, 2006 (5): 50-57, 96.

[40] 何维钰, 唐玥. 中国深圳股票市场半强式有效性实证研究 [J]. 现代营销 (经营版), 2019 (8): 229-230.

[41] 何问陶, 黄建欢, 段西军. 对中国股市与宏观经济走势异动的观察与机理解释 [J]. 广西社会科学, 2006 (7): 48-51.

[42] 贺学会. 对我国资本市场的理性思考 [J]. 金融研究, 1997 (9).

[43] 衡硕. 我国股票市场操纵问题的实证研究 [D]. 济南: 山东大学, 2018.

[44] 洪永淼. 金融计量的新近发展 [J]. 经济学 (季刊), 2002, 1 (2).

[45] 胡双发. 我国新股发行制度的潜在缺陷与完善对策 [J]. 商学研究, 2019, 26 (1): 74-83.

[46] 黄贵海, 宋敏. 中国上市公司的资本结构 [J]. 上证研究, 2002, 1 (2).

[47] 黄海鹰. 制度粘性与企业外源性融资偏好——来自区域性融资方式选择差异的证据 [J]. 财经问题研究, 2018 (5): 133-139.

[48] 黄奇帆. 中国资本市场发展历程、功能作用及其进一步发展措施 [J]. 清华金融评论, 2018 (6): 79 – 81.

[49] 黄少安, 张岗. 中国上市公司股权融资偏好分析 [J]. 经济研究, 2001 (11).

[50] 黄少安, 钟卫东. 股权融资成本软约束与股权融资偏好——对中国公司股权融资偏好的进一步解释 [J]. 财经问题研究, 2012 (12): 3 – 10.

[51] 季永甜. 行业因素对上市公司融资偏好影响分析 [D]. 呼和浩特: 内蒙古大学, 2017.

[52] 焦晓风. 我国上市公司融资方式及其影响因素研究 [D]. 长春: 长春理工大学, 2016.

[53] 靳明. 上市公司利用证券市场的主要功能误区分析 [J]. 财经论丛, 2001 (9).

[54] 靳云汇, 李学. 中国证券市场半强态有效性检验——买壳上市分析 [J]. 金融研究, 2000 (1): 85 – 91.

[55] 经济学消息报社. 诺贝尔经济学奖得主专访录 [M]. 北京: 中国计划出版社, 1995.

[56] 瞿慧, 刘烨, 李娟. 基于遗传编程的中国股票市场有效性新检验 [J]. 统计与决策, 2011 (23): 137 – 142.

[57] 柯武刚, 史漫飞. 制度经济学 [M]. 北京: 商务印书馆, 2000.

[58] 科斯等. 财产权利与制度变迁——产权学派与新制度学派译文集 [C]. 上海: 上海三联书店, 1994.

[59] 孔亚楠, 杨叶迪. 上市公司管理者过度自信对融资次序的影响研究 [J]. 世界科技研究与发展, 2016 (2): 164 – 169.

[60] 郎咸平. 监管到位形成高质量的股市 [N]. 中国证券报, 2003 – 09 – 15.

[61] 黎晓, 樊贵玲. 我国上市公司股权融资偏好因素分析 [J]. 内蒙古煤炭经济, 2017 (16): 79, 145.

[62] 李斌, 孙月静. 中国上市公司融资方式影响因素的实证研究 [J]. 中国软科学, 2011 (1): 124 – 134.

[63] 李东霖. 中国资本市场的发育缺陷及其特定成因的思考 [J]. 现代经济信息, 2015 (7): 16 – 17.

[64] 李冻菊. 股票市场发展与经济增长的关系研究——源自计量经济

学的解释 [J]. 金融研究, 2006 (9): 75 - 80.

[65] 李广众. 银行、股票市场与经济增长 [J]. 经济科学, 2002 (2).

[66] 李佳. 基于β值分布模型的资本市场收益率与有效性检验 [J]. 区域金融研究, 2017 (10): 47 - 51.

[67] 李寿喜, 汤莺平. 我国内幕交易案件特征与监管缺陷——基于1998 至 2016 年执法案件的思考 [J]. 上海大学学报 (社会科学版), 2018, 35 (1): 107 - 120.

[68] 李帅帅. 完善我国上市公司融资偏好的对策研究 [J]. 河北企业, 2018 (10): 100 - 101.

[69] 李双琦. 基于分形理论的上海证券市场有效性研究 [D]. 重庆: 重庆工商大学, 2016.

[70] 李燕, 张明, 董邦国. 对我国股市资源配置作用的探讨 [J]. 大连民族学院学报, 2002 (3).

[71] 李宇笑. 基于优序融资理论的中小板上市公司融资偏好实证分析 [D]. 天津工业大学, 2015.

[72] 李振宁. 中国证券市场治市方略反思和探讨 [N]. 上海证券报, 2003 - 11 - 28.

[73] 李志文, 宋衍蘅. 股权结构会影响筹资决策吗? [J]. 管理世界, 2003 (6).

[74] 李志文, 宋衍蘅. 影响中国上市公司配股决策的因素分析 [J]. 经济科学, 2003 (3).

[75] 连建辉, 钟惠波. 我国上市公司融资偏好悖论: 提出与解读 [J]. 福建师大福清分校学报, 2002 (1).

[76] 梁琪, 滕建州. 股票市场、银行与经济增长: 中国的实证分析 [J]. 金融研究, 2005 (10): 9 - 19.

[77] 刘冬, 李雪莲. 中国上市公司资本结构合理性探讨 [J]. 南开经济研究, 2002 (4).

[78] 刘娥平. 对资金成本含义及计算方法的认识 [J]. 财会月刊, 2003 (4).

[79] 刘恩禄, 汤谷良. 高级财务学 [M]. 沈阳: 辽宁人民出版社, 1991.

[80] 刘红忠, 劼宇. 金融市场学 (第二版) [M]. 北京: 高等教育出版

社，2005.

[81] 刘鸿儒. 金融市场 [M]. 北京：学苑出版社，1988.

[82] 刘熀松. 中国股市制度缺陷研究 [J]. 上海经济研究，2005 (4).

[83] 刘蓬勃. 中国股票市场弱势有效的实证研究 [J]. 世界经济情况，2006 (8)：13 - 15, 5.

[84] 刘强安. 中国多层次资本市场建设研究 [J]. 经济师，2018 (10)：80 - 81, 84.

[85] 刘韬. 关于资金成本讲授内容与讲授技巧的思考 [J]. 山西财经大学学报 (高等教育版)，2003 (2).

[86] 刘伟，王汝芳. 中国资本市场效率实证分析——直接融资与间接融资效率比较 [J]. 金融研究，2006 (1)：64 - 73.

[87] 刘晓光，苟琴，姜天予. 金融结构、经济波动与经济增长——基于最优产业配置框架的分析 [J]. 管理世界，2019, 35 (5)：29 - 43, 198.

[88] 刘一鸣. 中国上市公司融资偏好影响因素研究 [D]. 济南：山东大学，2014.

[89] 刘义圣. 中国资本市场的制度缺陷与制度创新 [J]. 社会科学研究，2003 (6).

[90] 刘义圣. 中国资本市场功能变迁与制度完善 [J]. 当代经济研究，2004 (7).

[91] 刘勇，刘菲，译. 墨顿米勒论金融衍生工具 [M]. 北京：清华大学出版社，1999.

[92] 刘源. 我国上市公司的"异序融资"：基于债权——利润的非线性关系 [J]. 特区经济，2017 (6)：110 - 112.

[93] 刘源. 我国证券市场壳资源炒作的制度性缺陷分析 [D]. 开封：河南大学，2017.

[94] 卢代富. 企业社会责任的经济学与法学分析 [M]. 北京：法律出版社，2002.

[95] 鲁桂华. 管制政策与反管制行为：以 IPO 为例 [J]. 广西财经学院学报，2018, 31 (1)：1 - 9.

[96] 陆正飞，高强. 中国上市公司融资行为研究 [J]. 会计研究，2003 (10).

[97] 陆正飞，叶康涛. 2003 中国上市公司股权融资偏好解析 [J]. 经济

研究，2004（4）.

[98] 马克思. 剩余价值理论（1861－1863 年）[A]. 选自马克思等. 马克思恩格斯全集：第 26 卷第 I 册 [M]. 北京：人民出版社，1972.

[99] [美] 大卫·沃克. 牛津法律大辞典（中译本）[M]. 北京：光明日报出版社，1988.

[100] [美] 道格拉斯·C. 诺斯. 制度、制度变迁与经济绩效 [M]. 刘守英，译. 上海：上海三联书店出版，1994.

[101] （美）詹姆斯·托宾著. 论金融体系的效率，通向繁荣的政策－凯恩斯主义论文集 [C]. 何宝玉，译. 北京：经济科学出版社，1997.

[102] 孟彬. 我国区域性资本市场法律制度研究 [D]. 北京：中国社会科学院研究生院，2017.

[103] 孟媛. 内部控制、会计信息质量与股权融资偏好 [D]. 北京：中国矿业大学，2016.

[104] 闵志慧. 中国上市公司的恶意融资问题研究 [J]. 中国软科学，2002（3）.

[105] 莫易娴，周乐敏. 大数据时代中国股票市场有效性研究 [J]. 上海立信会计金融学院学报，2020（1）：60－72.

[106] 默顿·米勒. 现代金融学的历史 [J]. 经济导刊，2000（2）.

[107] 倪中新，武凯文，周亚虹，边思凯. 终极所有权视角下的上市公司股权融资偏好研究——控制权私利与融资需求分离 [J]. 财经研究，2015（1）：132－144.

[108] 聂桂平. 中国资本市场的功能缺陷与修正 [J]. 金融理论与实践，2002（2）.

[109] 诺斯. 经济史中的结构与变迁 [M]. 上海：上海三联书店，上海人民出版社，1994.

[110] 裴平. 我国上市公司股权融资中的"免费资本幻觉"实证研究 [J]. 南京工业大学学报（社会科学版），2002（1）.

[111] 朴玲兰. 女性高管与上市公司融资顺序——社会资本区域制度环境的调节作用 [D]. 长春：吉林大学，2017.

[112] 钱颖一. 激励与约束 [J]. 经济社会体制比较，1999（5）.

[113] 钱颖一. 企业理论 [A]. 选自汤敏，茅于轼. 现代经济学前沿专题（第一集）[C]. 北京：商务印书馆，1989.

[114] 乔治·考夫曼．现代金融体系 [M]．北京：经济科学出版社，2001．

[115] 秦燊．我国上市公司资本结构与融资偏好研究 [J]．全国流通经济，2018 (15)：76-77．

[116] 青木昌彦，帕特里克．日本主银行体制及其与发展中国家经济转轨中的相关性研究 [M]．张橹，等，译．中国金融出版社，1998．

[117] 屈秋月．中国资本市场结构优化研究 [D]．郑州：郑州大学，2012．

[118] 邵晶．中国股票市场有效性的实证研究 [D]．上海：上海外国语大学，2019．

[119] 沈艺峰．不对称信息与新资本结构理论 [J]．中国经济问题，1997 (6)．

[120] 沈艺峰，田静．我国上市公司资本成本的定量研究 [J]．经济研究，1999 (11)．

[121] 施东晖．上市公司资本结构与融资行为实证研究 [J]．证券市场导报，2000 (7)．

[122] 石志恒，王亚亭，王莹．解析中国股市与宏观经济的背离 [J]．西北农林科技大学学报 (社会科学版)，2004 (1)：69-72．

[123] 束景虹．机会窗口、逆向选择成本与股权融资偏好 [J]．金融研究，2010 (4)：72-84．

[124] 思腾思特——远卓管理顾问．什么是 EVA [EB/OL]．http：//www. sternstewart. com. cn/ss/21. htm．

[125] 宋歌，李宁．上市公司"大小非"解禁的实证研究——对我国股票市场半强式有效性的检验 [J]．经济论坛，2009 (16)：36-39．

[126] 宋琳．资本成本与融资成本的辨析及对我国公司融资偏好的影响 [EB/OL]．http：//www. cenet. org. cn/cn/ReadNews. asp？NewsID = 13822．

[127] 苏冬蔚，曾海舰．宏观经济因素、企业家信心与公司融资选择 [J]．金融研究，2011 (4)：129-142．

[128] 苏匡．基于 RBF 神经网络对中国股票市场有效性的研究 [D]．武汉：武汉理工大学，2010．

[129] 苏醒，谭晓琢．我国上市公司的资本结构——基于股权结构的分析 [J]．财经理论与实践，2001 (5)．

[130] 孙杰，王新红. 中小板上市公司股权结构对融资偏好的影响研究 [J]. 财务与金融，2010（6）：15-20.

[131] 孙伟娜，刘龙海，杨成文. 对我国资本市场有效性相关问题的探讨 [J]. 商业会计，2013（20）：106-108.

[132] 谈儒勇. 中国金融发展和经济增长关系的实证研究 [J]. 经济研究，1999（10）.

[133] 汤谷良，王化成. 企业财务管理学 [M]. 北京：经济科学出版社，2000.

[134] 唐华. 创业板上市公司融资偏好对公司绩效影响的实证分析 [J]. 统计与决策，2019，35（6）：182-185.

[135] 唐齐鸣，黄素心. ST 公布和 ST 撤销事件的市场反应研究——来自沪深股市的实证检验 [J]. 统计研究，2006（11）：43-47.

[136] 唐宗. 不完全资本市场的功能残缺 [J]. 改革，1997（5）.

[137] 田辉，陈道富. 制约多层次资本市场融资功能的因素与政策建议 [J]. 经济纵横，2019（3）：45-54.

[138] 田菁. 金融发展是否促进了经济增长？——基于 2003-2014 年省级面板数据的再检测 [J]. 财经问题研究，2017（6）：43-49.

[139] 田素华，刘依妮. 中国企业股权融资偏好研究——基于声誉溢价、市场势力和现金分红的视角 [J]. 上海经济研究，2014（1）：50-62.

[140] 屠倩影. 基于优序融资理论的我国上市公司融资偏好分析 [D]. 北京：首都经济贸易大学，2013.

[141] 汪丁丁. 为巴塞尔《产权的经济分析》中译本作的序 [A]. Y. 巴泽尔. 产权的经济分析 [M]. 上海：上海三联书店，上海人民出版社，1997.

[142] 王国刚. 资本市场发展应注意解决四个问题 [N]. 金融时报，2004-06-29.

[143] 王慧. 我国股票退市制度缺陷及完善对策 [J]. 知识经济，2015（2）：96，98.

[144] 王静，韩贵. 基于 EGARCH 模型的我国股市信息对称性研究 [J]. 西南交通大学学报（社会科学版），2008（4）：107-111.

[145] 王军. 资本市场发展与经济增长关系的理论与实证研究 [J]. 经济评论，2002（6）.

[146] 王麟. EVA：更好的薪酬激励机制 [J]. 人力资源开发与管理，2004 (2).

[147] 王庆成，郭复初. 财务管理学 [M]. 北京：高等教育出版社，2000.

[148] 王蕊，李洋. 中国资本市场存在的制度缺陷 [J]. 时代金融，2013 (5)：35，37.

[149] 王善君，高海燕. 基于事件分析模型检验中国股票市场的半强式有效性 [J]. 西南金融，2015 (4)：59 - 62.

[150] 王雄元，严艳. 我国上市公司财务管理的政府导向及其改进 [J]. 东方会计周刊，2003 (1).

[151] 王雪怡. 上市公司管理者过度自信与融资偏好相关性研究 [D]. 天津：天津大学，2013.

[152] 王宇伟. 我国上市公司股权融资偏好原因探析 [J]. 现代管理科学，2004 (5).

[153] 王喆. 中小板上市公司的会计信息披露缺陷分析——基于公司治理视角 [J]. 现代企业，2018 (7)：96 - 97.

[154] 王振山. 金融效率论 [M]. 北京：经济管理出版社，2000.

[155] 王振山，王秉阳. 股票投机、信息发现与权益成本——对股权融资偏好的再讨论 [J]. 经济评论，2018 (2)：103 - 118.

[156] 王志强，孙刚. 中国金融发展规模、结构、效率与经济增长关系的经验分析 [J]. 管理世界，2003 (7).

[157] 威廉姆·R. 司可脱. 财务会计理论 [M]. 北京：北京：机械工业出版社，2001.

[158] 韦森. 社会秩序的经济分析导论 [M]. 上海：上海三联书店，2001.

[159] 文世伟. 我国上市公司融资偏好及其影响因素研究 [D]. 成都：西南财经大学，2013.

[160] 吴敬琏. 制造金融黑洞的机制并未消失 [J]. 财经，2004 (8).

[161] 吴晓求. 当前中国资本市场必须解决三大问题 [N]. 上海证券报，2004 - 07 - 28.

[162] 吴晓求. 中国金融的深度变革与互联网金融 [J]. 财贸经济，2014 (1)：14 - 23.

［163］吴晓求．资本结构和公司治理的若干理论问题［J］．中国经济信息，2003（5）．

［164］吴晓求．资本市场的六个混沌［N］．中国证券报，2003 - 08 - 28．

［165］吴振翔，陈敏．中国股票市场弱有效性的统计套利检验［J］．系统工程理论与实践，2007（2）：92 - 98．

［166］肖军，徐信忠．中国股市价值反转投资策略有效性实证研究［J］．经济研究，2004（3）55 - 64．

［167］谢庚．完善资本市场体系推动中小企业发展［J］．中国创业投资与高科技，2004（7）．

［168］新帕尔格雷夫货币金融大辞典［M］．北京：经济科学出版社，2000．

［169］新帕尔格雷夫经济学大辞典［M］．北京：经济科学出版社，1992．

［170］徐少华，郑建红．中国资本市场功能的实证考察［J］．上海会计，2003（12）．

［171］徐向阳，范晓静．中国股权融资偏好分析［J］．中国林业经济，2016（4）：13 - 16．

［172］许沁．中国股票市场弱有效性检验［J］．中国外贸，2012（10）：210 - 211．

［173］许小年．中国股市制度结构本末倒置 缺乏体系支持［N］．财经时报，2004 - 03 - 14．

［174］闫斐．金融结构是否存在对经济增长的"非线性"影响——基于GMM对跨国面板样本的经验检验［J］．财贸研究，2017，28（10）：1 - 18．

［175］杨高宇．中国股市制度缺陷与股市功能异化［J］．中国经济问题，2013（2）：91 - 100．

［176］杨华．上市公司监管和价值创造［M］．北京：中国人民大学出版社，2004．

［177］杨鉴淞，邓茹．大股东控制下上市公司股权再融资研究［J］．财会通讯，2010（11）：16 - 18．

［178］杨世聪．我国上市公司融资偏好问题研究［J］．商场现代化，2018（5）：122 - 123．

［179］杨志泉，邵蕾．我国上市公司股权融资偏好成因探讨［J］．商业

时代，2010（2）：115 – 116，137.

［180］杨子荣，张鹏杨. 金融结构、产业结构与经济增长——基于新结构金融学视角的实证检验［J］. 经济学（季刊），2018，17（2）：847 – 872.

［181］姚明安. 大股东持股特性与股权融资偏好——对我国公司股权融资偏好的解释［J］. 财会通讯，2017（24）：54 – 57，61，129.

［182］易宪容. 让市场成为真正的市场［N］. 上海证券报，2004 – 08 – 04.

［183］（英）托马斯·H. 麦克艾内希. 全球资本市场［M］. 吕随启，译. 江西：江西人民出版社，2002.

［184］于成永. 金融发展与经济增长关系：方向与结构差异——源自全球银行与股市的元分析证据［J］. 南开经济研究，2016（1）：33 – 57.

［185］于明磊.“产权”概念的经济学分析和现实法律思考［J］. 制度经济学研究，2003（2）.

［186］余甫功. 中国资本市场制度分析与机制研究［M］. 北京：中国财政经济出版社，2001.

［187］喻思慧. 上证指数编制方法存在的缺陷分析［J］. 商，2016（9）：180.

［188］袁国良，等. 我国上市公司融资偏好和融资能力的实证研究［J］. 管理世界，1999（3）.

［189］袁国良，郑江淮，胡志乾. 我国上市公司融资偏好和融资能力的实证研究［J］. 管理世界，1999（3）.

［190］袁云涛，王峰虎. 分工演进与制度阻挠：我国股市低效率的制度分析［J］. 生产力研究，2003（2）.

［191］苑德军，李文军. 中国资本市场效率的理论与实证分析（上）［J］. 河南金融管理干部学院学报，2002（5）.

［192］苑德军，任志宏. 强化中国资本市场功能的理论思考［J］. 财贸经济，2002（3）.

［193］岳续华. 控制权收益与股权再融资偏好［J］. 经济与管理研究，2007（12）：51 – 56.

［194］张安迪. 中国企业股权融资偏好实证研究［J］. 合作经济与科技，2017（11）：36 – 42.

［195］张兵，李晓明. 中国股票市场的渐进有效性研究［J］. 经济研究，2003（1）：54 – 61，87 – 94.

［196］张兵，李晓明．中国股票市场的渐进有效研究［J］．经济研究，2003（1）.

［197］张柴．上市公司股权再融资偏好研究［J］．财政监督，2017（17）：93－97.

［198］张昌彩．企业融资结构与资本市场发展［J］．管理世界，1998（3）.

［199］张功富．现代财务理论在美国公司的运用［J］．特区财会，2001（6）.

［200］张良晨．我国资本市场存在的问题与治理建议［J］．经贸实践，2018（12）：90－91.

［201］张萌．我国中小企业融资方式选择的影响因素研究［D］．咸阳：西北农林科技大学，2016.

［202］张敏．制度环境对融资方式选择的影响研究－基于地区差异视角的实证分析［J］．当代经济科学，2013（4）：42－52，125.

［203］张琴琴．高管团队背景特征与股权融资偏好——来自中国制造业上市公司的证据［D］．内蒙古大学，2019.

［204］张维迎．博弈论和信息经济学［M］．上海：上海三联书店，1996.

［205］张维迎．产权、政府与信誉［M］．北京：生活读书新知三联书店，2001.

［206］张祥建，徐晋．股权再融资与人股东控制的"隧道效应"——对上市公司股权再融资偏好的再解释［J］．管理世界，2005（11）：127－136，151.

［207］张晓斌，罗伟广．产权制度缺陷与股市资源配置［J］．南方金融，2002（12）.

［208］张新．中国金融学面临的挑战和发展前景［J］．金融研究，2003（8）.

［209］张亦春．金融市场学［M］．北京：高等教育出版社，1999.

［210］张亦春，郑振龙主编．金融市场学［M］．北京：高等教育出版社，2004.

［211］张亦春，周颖刚．中国股市弱势有效吗［J］．金融研究，2001（3）.

[212] 张宗新，姚力，厉格非. 中国证券市场制度风险的生成及化解 [J]. 经济研究，2001（10）：60－66.

[213] 张宗新. 证券市场低效率：基于制度变迁的一种解析 [J]. 经济科学，2002（2）.

[214] 张宗新. 证券市场制度缺陷的实证分析 [J]. 经济理论与经济管理，2002（5）.

[215] 章美锦，万解秋. 我国区域性资本市场发展路径研究 [J]. 财贸经济，2008（1）：72－78.

[216] 赵国宇. 大股东控制下的股权融资与掏空行为研究 [J]. 管理评论，2013，25（6）：24－30，103.

[217] 赵昊华. 基于中国沪市半强式有效性实证分析 [J]. 现代商业，2018（15）：105－107.

[218] 赵浩东. 我国资本市场有效性实证研究——以上海股票市场为例 [J]. 经济论坛，2016（8）：71－74.

[219] 赵万明. 当前我国股票市场的制度缺陷分析及治理对策 [J]. 经济研究导刊，2016（2）：163－164.

[220] 赵炜. 上市公司再融资方式的比较与选择 [J]. 现代财经（天津财经学院学报），2002（6）：26－29.

[221] 赵振全，薛丰慧. 金融发展对经济增长影响的实证分析 [J]. 金融研究，2004（8）：94－99.

[222] 郑陈晖. 上市公司股权再融资方式研究 [J]. 科技经济导刊，2018，26（24）：183－184.

[223] 郑江淮，何旭强，王华. 上市公司投资的融资约束：从股权结构角度的实证分析 [J]. 金融研究，2001（11）.

[224] 郑江淮，袁国良，胡志乾. 中国转轨期股票市场发展与经济增长关系的实证研究 [J]. 管理世界，2002（6）：15－24.

[225] 郑敏钰. 中小企业板上市公司股权融资偏好实证研究 [D]. 北京：华侨大学，2015.

[226] 中共中央编译局. 资本论第三卷 [M]. 北京：人民出版社，1975.

[227] 中国注册会计师协会. 财务成本管理 [M]. 北京：经济科学出版社，2005.

［228］仲怀公，徐洪波．内部控制有效性、会计信息质量与股权融资偏好［J］．财会通讯，2017（33）：34－39．

［229］周三多．管理学——原理与方法［M］．上海：复旦大学出版社，1999．

［230］周显异，李洋，梁可可．上市公司融资偏好顺序的影响因素检验——基于因子分析与二元 Logit 模型［J］．金融与经济，2015（7）：22－26．

［231］朱建明，李贵强．中国资本市场功能的现状、问题与制度改革［J］．软科学，2014，28（1）：64－67．

［232］朱武祥．资本成本理念在公司财务决策中的作用［J］．投资研究，2000（1）．

［233］祝栩倩．业绩期望落差、环境不确定性与股权融资偏好［D］．杭州：浙江财经大学，2019．

［234］庄磊．中国股市的制度变迁及改革路径选择［J］．南方金融，2014（1）：77－79，84．

［235］Aghion，Bolton. An incomplete contracts approach to financial contracting［J］. Review of Economic Studies，1992（59）：473－94．

［236］Altman，Edward I. Financial Rations：Discriminate Analysis and the Prediction of Corporate Bankruptcy［J］. Journal of Finance，September，1968（23）：589－609．

［237］Ando，A. and Modigliani F. The Life Cycle Hypothesis of Saving：aggregate implications and tests［J］. American Economic Review，1963，53（1）：55－84．

［238］Arestis P.，Demetriades P. Financial Development and Economic Growth：Assessing the Evidence［J］. The Economic Journal，1997（107）：783－799．

［239］Atje，Raymond，and Boyan Jovanovic. Stock Markets and Development［J］. European Economic Review，1993，37（2－3，April）：632－640．

［240］Bachelier，L. Theory of Speculation（Thesis presented for the degree Docteurs Sciences Mathmatiques，Academy of Paris）［M］. Translated by Boness，AJ，1900．

［241］Ball. R，P. Brown. An Empirical Evaluation of Accounting Income Number［J］. Journal of Accounting Research，1968，6（2）：159－178．

［242］Black F，Scholes M. The Pricing of options and corporate liabilities

[J]. Journal of Political Economy, 1973, 81 (7).

[243] Blair M. M. Ownership and control: rethinking corporate governance for the twenty-first century [M]. The Brooking Institution, Washington D C, 1995.

[244] Bolton, Scharfiable. A theory of Predation based on agency problems in financial contracting [J]. American Economic Review, 1990 (80): 94 – 106.

[245] Collins, W. A., S. P. Kothari. An analysis of intertemporal and cross-sectional determinants of earnings response coefficients [J]. Journal of Accounting and Economics, 1989, 11 (July): 143 – 182.

[246] Cornelius P. A Note on the Informational Efficiency of Emerging Stock Markets [J]. Weltwirtschaftliches Archiv, 1994 (24): 820 – 828.

[247] Cowles, A. Can Stock Market Forecasters Forecast? [J]. Econometrica, 1933, 1 (3): 309 – 324.

[248] D. Durand. Cost of Debt and Equity Funds for Business: Trends and Problems of Measurement [A]. In Conference on Research In Business Finance [C]. New York: National Bureau of Economic Research, 1952.

[249] Demiguc-Kunt, Ash & Levine, Ross. Stock Markets Corporate Finance, and Economic Growth: An Overview [J]. The World Bank Economic Review, 1996, 10 (2, May).

[250] Demirguc-Kunt, Ash & Maksimovic, Vojislav. Stock Market Development and Financial Choices of Firm [J]. The World Bank Economic Review, 1996 (10): 341 – 369.

[251] Diamond, D. W. Financial Intermediation and Delegated Monitoring [J]. Review of Economic Studies, 1984 (51): 393 – 414.

[252] Dirk Bergemann & Valimaki, Juuso. Dynamic Common agency [J]. Journal of Economic Theory, 2003 (111): 23 – 48.

[253] Fama, E. F. Efficient capital market: A review of theory and empirical work [J]. Journal of Finance, 1970 (25): 383 – 417.

[254] Fama, E. Foundations of Finance [M]. New York: Basic books, 1976.

[255] Fama, Eugene F. Efficient Capital Markets: A Review of Theory and Empirical Work [J]. The Journal of Finance, 1970 (25).

[256] Fama, Eugene. Random Walks in Stock Market Prices Financial Analysts [J]. Journal, 1965 (September/October).

[257] Farrar, Donald E. and Selwyn, Lee L. Taxes, Corporate Financial Policy and Return to Investment [J]. National Tax Journal, Dec. 1967, 20 (4): 444 - 454.

[258] Feltham, G. and J. A. Ohlson. Uncertainty Resolution and the Theory of Depreciation Measurement [J]. Journal of Accounting Research, 1996 (34): 209 - 234.

[259] Feltham, G. and J. A. Ohlson. Valuation and Clean Surplus Accounting for Operating Financial Activities [J]. Contemporary Accounting Research, 1995 (11): 689 - 731.

[260] F. Modigliani and M. H. Miller. The Cost of Capital, Corporation Finance and the Investment [J]. American Economic Review, 1958, 48 (3).

[261] GA Akerlof. The Market for Lemons [J]. Quarterly Journal of Economics, 1970 (84): 488 - 500.

[262] George C. Philippatos & William W. Sihler. Financial Management: Text and Cases, second edition [M]. Allyn and Bacon, 1991, 239 - 252.

[263] Gerschenkron, A. Economic Backwardness in Historical Perspective-A Book of Essays [M]. Cambridge: Harvard University Press, 1962.

[264] Gordon, M. J and Sharpiro, E. Capital equipment analysis: the required rate of profit [J]. Management Science, 1956, 3 (October): 102 - 105.

[265] Grossman, Sanford and Joseph Stiglitz. On the Impossibility of Information ally Efficient Markets [J]. American Economic Review, 1980 (70): 393 - 408.

[266] Gurley, John G, and Edward S. Shaw. Financial Structure and Economic Development [J]. Economic Development and Cultural Change, 1967 (15): 257 - 268.

[267] Harris, Milton and Artur Raviv. Control contests and capital structure [J]. Journal of Financial Economics, 1988 (20): 55 - 86.

[268] Harris, Richard D. F. Stock Markets and Development: A Re-assessment [J]. European Economic Review, 1997, 41 (1, January): 139 - 146.

[269] Harry Markowitz. Portfolio Selection [J]. Journal of Finance, 1952, 7

（1）.

[270] Hart, Moore. A theory of debt based on the inalienability of human capital [J]. Quarterly Journal of Economics, 1994 (109): 841 – 879.

[271] Holmstrom, B. and P. Milgrom. Multitask Principal-Agent Analyses: Incentive Contracts, Asset Ownership, and Job Design [J]. Journal of Law, Economics and Organization 1991 (7): 24 – 52.

[272] Holmstrom, B. and P. Milgrom. The Firm as Incentive System [J]. American Economic Review, 1994, 84 (4): 972 – 991.

[273] Holmstrom, B. Moral hazard and observability [J]. Bell Journal of Economics, 1979 (10): 74 – 91.

[274] Holmstrom, B. Moral Hazard in Team [J]. Bell Journal of Economics, 1982 (13): 324 – 340.

[275] Irving Fisher. Principles of Economics [M]. New York: Macmillan, 1923.

[276] Israel, Ronen. Capital Structure and the Market for Corporate Control: The Defensive Role of Debt Financing [J]. The Journal of Finance, 1991 (46): 1391 – 1409.

[277] James, Brander and Tracy Lewis. Oligopoly and Financial Structure: the Limited Liability Effect [J]. American Economic Review, 1986 (76): 956 – 970.

[278] Jensen M. C. Agency Costs of Free Cash Flow, Corporate Finance, and Takeovers [J]. American Economic Review, 1986 (76): 323 – 329.

[279] Jensen, Michael C. and William H. Meckling. Theory of the firms: Managerial behavior, agency costs and ownership structure [J]. Journal of Financial Economics, 1976 (3): 305 – 360.

[280] Jesen, Michael C. Organization Theory and Methodology [J]. The Accounting Review, 1983 (58): 319 – 339.

[281] John Boyd and Bruce Smith. The Co evolution of the Real and Financial Sectors in the Growth Process [J]. The World Bank Economic Review, 1996, 10 (2): 371 – 396.

[282] Kraus, A. and R. Litzenberger. A state-preference model of optimal financial leverage [J]. Journal of Finance, 1973 (28): 911 – 922.

[283] Lambert Richard A. The use of Accounting and Security Price Measures of Performance in Managerial Compensation Contracts [J]. Journal of Accounting

and Economics, 1993 (16): 101 - 123.

[284] Lawrence J. Gitman. Principles of Managerial Finance (6ᵗʰ) [A]. Harper Collins Publishers, 1991. 汪平. 财务理论 [M]. 北京: 经济管理出版社, 2003.

[285] Lucas, Robert E. Asset prices in an exchange economy [J]. Econometrica, 1978, 1 (46): 1429 - 1445.

[286] Malkiel, B. Efficient market hypothesis [M]. In Newman P., M. Milgate, and J. Eatwell (ed.). The New Palgrave Dictionary of Money and finance [Z]. Micmillan, London, 1992.

[287] Manne, H. Mergers and the Market for corporate control [J]. Journal of Political Economics, 1965 (73): 110 - 120.

[288] Marco Pagano. Financial Markets and Growth: An Overview [J]. European Economic Review, 1993 (37): 613 - 622.

[289] Marris, R. The Economic Theory of Managerial Capitalism [M]. IL. Glencoe: Free Press of Glencoe, 1964.

[290] Marshall, Alfred. Principles of Economics (9th Variorum ed.) [M]. London: Macmillan, 1961: [1890].

[291] Mayer, Colin. New Issues in Corporate Finance [J]. European Economic Review, 1988 (32): 1167 - 1188.

[292] Miller, Merton. Debt and taxes [J]. Journal of Finance, 1977 (32): 261 - 275.

[293] Milton Friedman. The Social Responsibility of Business Is to Increase Its Profits [N]. New York Times Magazine, September 13, 1970.

[294] Mirrlees, J. Note on Welfare Economics, information and Uncertainty [A]. In M. Balch, D. McFadden and S. Wu, edus. Essays on economic Behavior Under Uncertainty [C]. Amsterdan: NorthHolland, 1974.

[295] M. J. Brennan, E. S. Schwartz, Jan. Corporate Income Taxes, Valuation, and the Problem of Optimal Capital Structure [J]. The Journal of Business, 1978, 51 (1): 103 - 114.

[296] Modigliani F. and M. H. Miller. Some Estimates of the Cost of Capital in the Electric Utility Industry [J]. American Economic Review, 1966 (6).

[297] Modigliani, Franco, and Merton Miller. Corporate income taxes and

the cost of capital [J]. America Economic Review, 1963 (53): 433 – 443.

[298] Myers, S. Determinants of Corporate Borrowing [J]. Journal of Financial Economics, 1977, 5 (2): 147 – 175.

[299] Myers, Stewart C. and Nicholas S. Majluf. Corporate financing and investment decisions when firms have information that investors do not have [J]. Journal of Financial Economics, 1984 (13): 187 – 221.

[300] Myers, Stewart. The Capital Structure Puzzle [J]. Journal of Finance, 1984, 39 (3): 575 – 592.

[301] Ohlson, J. A. Earnings, Book Values, and Dividends in Equity Valuation [J]. Contemporary Accounting Research, 1995, 11 (2): 661 – 687.

[302] Preinreich, G. Annual Survey of Economic Theory: The Theory of Depreciation [J]. Econometrics, 1938 (6): 219 – 241.

[303] Rajan, R. G. , Zingales, L. Financial Dependence and Growth [J]. American Economic Review, 1998 (88): 559 – 586.

[304] Roberts, H. Statistical Versus Clinical Prediction of the Stock Market (unpublished manuscript) [M]. Center for Research in Security Prices, University of Chicago, 1967.

[305] Ross Levine and Sara Zervos. Stock Markets, Banks and Economic Growth [J]. American Economic Review, 1998 (88): 537 – 558.

[306] Ross, Stephen. The determinants of financial structure: The incentive signaling approach [J]. Bell Journal of Economics, 1977 (8): 23 – 40.

[307] Ross, S. The economic theory of agency: the principal's problem [J]. American economic review, 1973 (63): 134 – 139.

[308] Ross, S. The Economic Theory of Agent: The Principal's Problem [J]. American Economic Review, 1993, 63 (2): 134 – 139.

[309] Rubinmstein, Mark. Corporate Financial Policy in Segmented Securities markets [J]. Journal of financial and quantitative analysis, 1973, 8 (5): 749 – 761.

[310] Samueslon, P. Proof that properly anticipated prices fluctuate randomly [J]. Industrial management review, 1965 (6): 41 – 49.

[311] S. Grossman and O. Hart. An Analysis of the principal Agent Problem [J]. Econometrica, 1983 (51): 7 – 45.

[312] S. Grossman and O. Hart. Corporate Financial Structure and Managerial Incentives [A]. In J. McCall (ed.), The Economics of Information and Uncertainty [M]. Chicago: University of Chicago Press, 1982.

[313] Shleifer, A. and R Vishny. A Survey of Corporate Governance [J]. Journal of Finance, 1997 (54): 737 – 783.

[314] Stephen A. Ross. The Arbitrage Theory of Capital Asset Pricing [J]. Journal of Economic Theory, 1976 (12).

[315] Stiglitz, Joseph E. Credit Markets and the Control of Capital [J]. Journal of Money, Credit and Banking, 1985, 17 (2): 133 – 152.

[316] Stulz, Rene. Managerial control of voting rights: Financing policies and the market for corporate control [J]. Journal of Financial Economics, 1988 (20): 25 – 54.

[317] the preferred group of mutual funds. cost of capital [EB/OL]. http: // www. preferredgroup. com/Glossary/c7. aspx.

[318] Titman, Sheridan. The effect of capital structure on a firm's liquidation decision [J]. Journal of Financial Economics, 1984 (13): 137 – 151.

[319] West & Tinic. On the Differences between Internal and External Efficiency [J]. Financial Analysts Journal, 1975 (Nov. /Dec.): 30 – 34.

[320] William F. Sharpe. Capital Asset Prices: A Theory of Market Equilibrium under Conditions of Risk [J]. Journal of Finance, 1964, 19 (3).

[321] Williams, J. B. The Theory of Investment Value [D]. Cambridge, MA: Harvard University Press, 1938.

[322] Wilson, R. The Structure of Incentives for Decentralization under Uncertainty [J]. La Decision: Agregation et Dynamique des Ordres de Preference, G. Guilbaud (ed.), 1969: 287 – 307.